河北省社会科学基金项目

京津冀教育协同发展运行研究

——基于供给侧改革视角

郑国萍 著

燕山大学出版社

·秦皇岛·

图书在版编目（CIP）数据

京津冀教育协同发展运行研究：基于供给侧改革视角 / 郑国萍著．—秦皇岛：燕山大学出版社，2021.3
ISBN 978-7-5761-0111-9

Ⅰ．①京… Ⅱ．①郑… Ⅲ．①地方教育－发展－研究－华北地区 Ⅳ．① G127.2

中国版本图书馆 CIP 数据核字（2021）第 046894 号

京津冀教育协同发展运行研究——基于供给侧改革视角

郑国萍 著

出 版 人：陈　玉
责任编辑：朱红波
封面设计：刘韦希
出版发行：燕山大学出版社 YANSHAN UNIVERSITY PRESS
地　　址：河北省秦皇岛市河北大街西段 438 号
邮政编码：066004
电　　话：0335-8387555
印　　刷：英格拉姆印刷(固安)有限公司
经　　销：全国新华书店

开　本：700mm×1000mm 1/16　　印　张：8.25　　字　数：132 千字
版　次：2021 年 3 月第 1 版　　　　印　次：2021 年 3 月第 1 次印刷
书　号：ISBN 978-7-5761-0111-9
定　价：32.00 元

　　以习近平同志为核心的新一届中央领导集体高度重视和强力推进京津冀协同发展。2014 年 2 月 26 日，习近平总书记就推进京津冀协同发展工作发表重要讲话，将京津冀协同发展确定为重大国家战略。教育是社会发展大系统中的一个重要子系统，社会政治、经济的发展对教育发展具有决定性作用，文化、科技、人口等社会因素也对教育的发展具有重要影响。教育是社会发展的基础性要素和重要的公共服务，是京津冀协同发展的重要组成部分。推进教育协同发展是实施京津冀协同发展重大国家战略的重要内容之一，教育协同发展在京津冀协同发展中发挥着基础性与先导性作用，是京津冀协同发展的重要内容和主要特色。

　　教育协同发展是落实区域教育资源的疏解与承接、推动京津冀协同发展、补齐河北公共服务短板、推动区域教育公平的重要途径，是深化教育领域供给侧结构性改革、提升区域整体教育水平的重要举措。新时期推进京津冀教育协同发展，主要包括以下四个方面的新内涵：有序疏解北京非首都功能，优化区域发展布局和探索新型城镇化，深化教育领域综合改革，构建更加开放的教育体系。京津冀教育协同发展进入全面落实的攻坚阶段，京津冀教育协同向纵深推进。

　　京津冀教育协同发展的政策目标是要达成三地教育领域不同系统之间互相影响、利益共享的局面，达成默契配合、井然有序的状态，确立"规划联合、资源共享、生源共有"的目标。2017 年《京津冀协同发展教育专项规划》指出，京津冀教育协同发展的目标是：到 2020 年，初步形成京津冀教育协同发展、互利共赢的良好局面；到 2030 年，京津冀教育协同发展机制健全，京津冀区域教育一体化格局基本形成，建成与世界级城市群相匹配、具有国际竞争力的区域现代教育体系。对教育进行功能疏解，促进京津冀教育一体化，进入优势互补、资源共享、合作共赢的协同发展阶段是当务之急。

"基于供给侧改革的京津冀教育协同发展运行机制研究"课题于2018年6月获准立项，由河北科技师范学院负责牵头组织有关单位研究人员开展本课题研究。本研究以习总书记重要指示精神为指导，以国家、京津冀三地有关京津冀协同发展的战略思想和要求为依据，以"两市一省"发展与改革部门、教育部门有关工作意见和专家学者的研究成果为基础，坚持破解京津冀教育协同发展问题与京津冀区域发展大局相结合，将课题聚焦于三个目标：其一，通过前期调研，探寻京津冀教育协同发展运行过程中最主要的矛盾是什么？其二，如何从供给侧改革视角，调整京津冀教育结构和教育资源布局，调整供给结构和增加供给的有效性？其三，如何建立京津冀教育协同发展的运行长效机制，形成资源共享、优势互补、合作共赢的教育协同新格局，实现京津冀教育一体化？最终探索出我国区域教育事业改革与发展的新模式、新经验。

研究从京津冀教育协同发展的背景分析入手，着手调查京津冀教育协同发展资源配置现状，包括京津冀财政性教育经费投入悬殊，基础教育资源配置严重失衡，职业教育专业结构与区域产业结构不适应，高校分布差异造成教学资源"虹吸效应"显著，等等。研究发现，京津冀教育协同发展存在以下方面运行矛盾：京津冀教育资源供需矛盾突出，京津冀教育协同制度和体制机制不健全，京津冀教育协同发展府际关系运行不畅，京津冀教育协同发展法制保障不健全。

通过探寻问题根源，发现京津冀教育协同发展中存在诸多的问题主要源于供给侧提供的教育资源和服务与需求侧的教育需求在数量、质量和结构等方面不相匹配，出现严重供需矛盾。京津冀教育协同发展需要避免教育需求侧思维误区，遵循供给侧改革运行逻辑和教育发展规律内在逻辑，同时考虑社会发展需求外在逻辑，协调京津冀教育协同发展府际关系运行。

解决问题的关键在于进行教育供给侧改革，即从总体上将教育资源与服务在京津冀作一次内部的调整与重构，增加供给的有效性和调整供给结构，破解京津冀教育协同发展的供需矛盾需要在供给主体上，多元共治，明晰权责；在供给内容上，调整结构，提升质量；在供给方式上，精准供给，满足需求；在供给环境上，提供保障，承继文化。

从运行机制层面推动形成丰富、多元、可选择的供给侧结构，建立以制度创新为导向的教育改革激活机制，建立以人口变化为导向的教育规模调节机制，建立优质教育资源共建共享机制，建立以产业调整为依据的教育转型升级机制，创新人才培养体制机制，健全教育协同联动合作机制等。

构建布局合理、资源共享、优势互补、互利共赢的京津冀教育协同发展模式。理顺多重府际关系，整体性治理；重塑传统的教育行政文化，协同共赢；完善教育协同制度，创新教育协同体制机制；以信息技术为载体，搭建京津冀教育资源共享平台。

京津冀教育协同发展需要坚实的法治基础、政策引导与法制保障。根据对京津冀教育协同发展法制保障的合理性、合法性与正当性的法理分析，提出建构京津冀教育协同发展法制保障体系的整体构想。要遵循重大改革于法有据、平衡协调与互利共赢等基本原则，坚持区域教育协同立法先行，加强区域教育合作协议的签订，构建区域教育法制协调机制，提供有力的教育司法保障和服务，以实现京津冀教育协同一体化发展目标。

《京津冀教育协同发展运行研究——基于供给侧改革视角》以"基于供给侧改革的京津冀教育协同发展运行机制研究"课题研究成果为基础，将经济学中的供给侧结构性改革理论运用于京津冀教育协同发展，着眼于京津冀教育协同发展的运行研究，提供供给侧改革背景下京津冀教育协同发展运行之策，为京津冀教育协同发展提供新的理论视角、可供参考的构建框架和体制机制指导性建议。

第一章 京津冀教育协同发展的背景分析

党的十八大召开以来，以习近平同志为核心的新一届中央领导集体高度重视和强力推进京津冀一体化发展。2013 年 5 月到 2014 年 2 月期间，习近平总书记亲自深入天津、河北、北京调研，明确提出："要谱写新时期社会主义现代化的京津'双城记'，积极推进京津冀区域合作，促进优势互补、共赢发展"，"加快走出一条科学持续的协同发展路子来"。2014 年 2 月 26 日，总书记在北京主持召开专题座谈会，听取京津冀协同发展工作汇报，并作出重要指示，为推进京津冀协同发展提出了七个方面的战略方向和重大任务。座谈会召开以来，国家有关部门、"两市一省"的党委及政府积极行动起来，在加强顶层设计、推进产业对接合作、加强生态环境保护合作和加快建设现代化交通网络系统等方面取得了重要工作成果。一篇事关强国大局、影响广泛和深远的京津冀协同发展的大文章有了精彩的开篇。

第一节 城市化进程与区域协同发展

一、京津冀人口经济基本情况

（一）京津冀人口的城乡结构和年龄结构

据 2019 年常住人口统计数据，京津冀三地共计 1.13 亿人，北京、天津两市的城镇人口比例分别达到 86.6% 和 83.48%，远高于全国同期 60.6% 的平均水平；河北城镇人口的比例占 57.62%，尚低于全国同期平均水平约 2.98 个百分点（见表 1-1）。

表 1-1　2019 年全国和京津冀常住人口状况及城镇化率

地区	全国		北京		天津		河北	
	城镇	乡村	城镇	乡村	城镇	乡村	城镇	乡村
常住人口（万人）	140005		2154		1562		7592	
分城乡（万人）	84843	55162	1865	289	1304	258	4374	3218
百分比（%）	60.6	39.4	86.6	13.4	83.48	16.52	57.62	42.38

数据来源：《中国统计年鉴 2020》

如表 1-2 所示，北京、天津两市人口结构具有较高的相似性，河北与全国同期人口结构十分相近。其中，京津地区 0 ～ 14 岁人口比重低于全国水平，而河北 0 ～ 14 岁人口比重高于全国水平，且比例明显高于京津，预计应有更长时限的人口红利期。15 ～ 64 岁人口作为劳动年龄人口主体部分，河北省劳动年龄人口不具优势，15 ～ 64 岁劳动年龄人口的比重占 68.1%，低于全国水平约 2.5 个百分点，北京、天津劳动年龄人口略具优势，人口比重高于全国水平。京津地区 65 岁及以上人口比重低于全国水平，河北 65 岁及以上人口比重高于全国水平 0.5 个百分点，河北省人口老龄化程度最重。京津冀区域的总抚养比（包括少年儿童和老年人的抚养比）分别为 28.01%、28.8%、47%，其中京津地区总抚养比低于全国水平，河北总抚养比高于全国水平，河北劳动年龄人口抚养负担较重。其次，从人口年龄结构来看，三大区域都面临人口老龄化和少年儿童人口比例减少的趋势。

表 1-2　全国和京津冀人口年龄结构比较（单位：%）

年龄	0 ～ 14 岁	15 ～ 64 岁	65 岁及以上	总抚养比
北京市 2019 年	10.4	78.1	11.5	28.01
天津市 2019 年	10.3	77.6	12.1	28.80
河北省 2019 年	18.8	68.1	13.1	47.00
全国 2019 年	16.8	70.6	12.6	41.50

数据来源：《中国统计年鉴 2020》

（二）京津冀的经济结构与从业人员构成

2019 年全年国内生产总值 990865 亿元，比上年增长 6.1%。其中，第一产业增加值 70467 亿元，增长 3.1%；第二产业增加值 386165 亿元，增长

5.7%；第三产业增加值 534233 亿元，增长 6.9%。第一产业增加值占国内生产总值比重为 7.1%，第二产业增加值比重为 39.0%，第三产业增加值比重为 53.9%。人均国内生产总值 70892 元，比上年增长 5.7%。北京 2019 年实现地区生产总值 35371.28 亿元，比上年增长 6.1%。其中，第一产业增加值 113.69 亿元，下降 2.5%；第二产业增加值 5715.06 亿元，增长 4.5%；第三产业增加值 29542.53 亿元，增长 6.4%。三次产业构成由上年的 0.4∶16.5∶83.1，变化为 0.3∶16.2∶83.5。按常住人口计算，全市人均地区生产总值为 16.4 万元。天津市生产总值（GDP）14104.28 亿元，比上年增长 4.8%。其中，第一产业增加值 185.23 亿元，增长 0.2%；第二产业增加值 4969.18 亿元，增长 3.2%；第三产业增加值 8949.87 亿元，增长 5.9%。三次产业比例为 1.3∶35.2∶63.5。河北省生产总值实现 35104.52 亿元，比上年增长 6.8%。其中，第一产业增加值 3518.44 亿元，增长 1.6%；第二产业增加值 13597.26 亿元，增长 4.9%；第三产业增加值 17988.82 亿元，增长 9.4%。三次产业比例由上年的 10.3∶39.7∶50.0，调整为 10.0∶38.7∶51.3。全省人均生产总值为 46348 元，比上年增长 6.2%。综上，2019 年，京津冀地区生产总值合计 8.46 万亿元，三次产业增加值的比重各有不同，北京、天津、河北皆为第三产业比重最大。近年来，北京人均地区生产总值高于天津、河北，且河北地区人均生产总值明显落后于京津。综上得出，京津冀区域经济增长速度快，但经济总量的贡献率低（见表 1-3）。

表 1-3 2019 年地区生产总值及人均生产总值（单位：亿元）

地区	生产总值	第一产业	第二产业	第三产业	人均生产总值（元）
北京	35371.28	113.69	5715.06	29542.53	164220
	100%	0.3%	16.2%	83.5%	
天津	14104.28	185.23	4969.18	8949.87	90371
	100%	1.3%	35.2%	63.5%	
河北	35104.52	3518.44	13597.26	17988.82	46348
	100%	10.0%	38.7%	51.3%	

数据来源：《中国统计年鉴 2020》

第三产业比重是反映一个国家或者地区工业化水平的重要指标，并在一定程度上反映一个国家或地区的综合竞争力和城市化水平。随着工业化进程不断深入，各地区产业结构都在不断优化。一般来说，一个城市的第三产业比重越大，经济实力就越强，综合竞争力就越强。从 2015—2019 年的三次产业产值占 GDP 的比例来看，北京、河北第一、第二产业比重下降，第三产业比重上升。天津第一比重不变，第二产业比重下降，第三产业比重上升。从产业结构来看，京津冀区域产业结构以第三产业为主，但天津、河北第二产业比例依然较高（见表 1-4）。

表 1-4 三大区域平均三大产业结构比重（单位：%）

年份	北京			天津			河北		
	第一产业	第二产业	第三产业	第一产业	第二产业	第三产业	第一产业	第二产业	第三产业
2015	0.6	19.6	79.8	1.3	46.7	52.0	11.5	48.3	40.2
2019	0.3	16.2	83.5	1.3	35.2	63.5	10.0	38.7	51.3

数据来源：《天津统计年鉴 2016》《河北经济年鉴 2016》《北京统计年鉴 2016》《天津统计年鉴 2020》《河北经济年鉴 2020》《北京统计年鉴 2020》

从表 1-5 所示就业人员构成看，北京和天津第三产业从业人员占比较高；河北第一、第二产业、第三产业从业人员大体相当，第三产业从业人员占比低于全国水平。三地比较：第一产业从业人员河北占比最高，第二产业从业人员河北占比最高，第三产业从业人员北京占比最高。由此反映出三个地区的产业特征：河北省是农业大省，务农人口比重尚大；天津市工业比较发达；北京从业人员以第三产业为主，占从业人口的八成以上（见表 1-5）。

表 1-5 2018 年全国和京津冀就业人员构成

地区	年末就业人员总数（万人）	第一产业人员（%）	第二产业人员（%）	第三产业人员（%）
全国	77586	26.1	27.6	46.3
北京	1237.8	3.7	14.7	81.6
天津	896.56	6.7	31.8	61.5
河北	4196.09	32.41	32.59	34.99

数据来源：《天津统计年鉴 2019》《河北经济年鉴 2019》《北京统计年鉴 2019》《中国统计年鉴 2019》

表 1-6 表明，在人均可支配收入方面，全国城镇居民是农村居民的 2.7 倍，

京津冀三地这一对比分别是 2.6 倍、1.7 倍、2.4 倍。总体上看，北京、天津、河北城乡居民人均可支配收入呈现递减的态势，京津城乡居民人均可支配收入高于同期全国平均水平，河北城镇居民人均可支配收入这一指标尚落后于同期全国平均水平。

表 1-6 2018 年全国和京津冀城乡居民收入状况（单位：元）

地区	全国	北京	天津	河北
城镇居民人均可支配收入 A	39251	67990	40278	32977
农村居民人均可支配收入 B	14617	26490	23065	14031
A/B	2.7 倍	2.6 倍	1.7 倍	2.4 倍

数据来源：《天津统计年鉴 2019》《河北经济年鉴 2019》《北京统计年鉴 2019》《中国统计年鉴 2019》

综上所述，北京市、天津市、河北省三地各有特点，各具优势。三地产业结构互补，有各自的经济增长极；京津地区总抚养比低于全国水平，河北总抚养比高于全国水平，河北劳动年龄人口抚养负担较重，河北处于"人口红利期"；京津冀区域产业结构以第三产业为主，京津冀区域经济增长速度快，但经济总量的贡献率低。区域内产业结构呈梯度发展，这种结构性的内在联系和比较优势建立起了不可替代关系，使得区域内必须加强协作，谋求共同发展。区域内人口年龄结构和人才基本素质形成了较好的互补关系，便于规划区域内人口良性流动格局，促进跨区域城乡统筹、互动。

二、城市化进程引发社会问题

（一）城市及城市化的内涵

城市，在《辞源》中解释为人口密集、工商业发达的地方。然而，"城市"一词在不同的学术领域有不同的解释。在经济学领域，城市是指具有相当面积的土地、住宅以及劳动力集中、各种部门能够生产协作并产生规模经济、各种要素相互交织并形成网络系统的连片的地理区域。在社会学领域，城市是指交通便利、遵循一定规章制度生产生活、人口密集且集中的非农业生产区域。根据国家住房和城乡建设部标准定额研究所发布的《城市规划基本术语标准》，城市是以非农业产业和非农业人口集聚为主要特征的居民点。在我国，城市包括按国家行政建制设立的市、镇。城市的行政管辖功能可能涉及较其本身更广泛的区域，包括居民区、街道、医院、学校、写字楼、商业卖场、广场、公园等。

城市化，是人口向城镇和城市相对迁移和集中的过程。从狭义上讲，城市化指农业人口不断转变为非农业人口的过程；从广义上讲，城市化实际上是一系列社会经济变化的过程。从人口方面看，城市化是农业人口的非农业化转变、城市人口规模不断膨胀和聚集的过程；从经济方面看，城市化是区域生产技术的不断革新、产业结构不断调整的过程，即第一产业向第二、第三产业转移，第二、第三产业所占的比重不断上升的过程；从文化方面看，城市化是城市文化、城市生活方式和价值观向郊区和农村地域的扩散过程；从地域方面看，城市化是城市用地不断向郊区和农村扩展、城市数量不断增加的过程。

（二）我国城市化发展进程

新中国成立以来，我国城市化发展大致可以分为五阶段：第一个阶段是城市化发展的起步阶段（1949—1957 年），国家处于恢复期，随后进入社会主义建设的第一个五年计划，开始了社会主义工业化建设。第二个阶段是城市发展的波动阶段（1958—1965 年）。在"赶超英美"的口号下，全国兴起"大跃进"运动，全民大炼钢铁，工业化和城市化超常规发展，结果适得其反，国家经济受到重创。随后，大量精简城市人口，城市发展处于低迷徘徊期。第三个阶段是城市发展的停滞阶段（1966—1978 年）。这一时期，社会动荡不安，工业发展缓慢，城市发展进入衰退期。第四个阶段是城市恢复发展阶段（1979—1983 年）。随着改革开放政策的实施，国家开始重新重视城镇的发展，并适时适度地在 1979 年前后实施了一系列新的政策，如允许知青回城、允许下放干部返城等，使城镇机械人口特别是大城市的机械人口增长加快，城镇化水平整体提高。第五个阶段是城市加速发展阶段（1984 年至今）。1984 年，中央政府颁布了新的户籍管理政策，允许农民自带口粮进镇务工经商和进镇落户，同时，又修正了 20 世纪 60 年代以来的市镇建制标准，从而使全国城镇数量迅猛上升。总的来说，目前我国还处于农村进入城市为主导的加速发展阶段，但少数大城市郊区化和以都市圈为主导的阶段已经悄然来临。

纵观新中国成立以来的城市化发展过程，可以总结出以下几个基本特点：

（1）我国的城市化发展受国家发展政策的控制和影响。政府是经济发展的决策机构和工业化的发动者，所以我国城市的建立和发展基本上是由政府支配的，其结果是各级行政中心自然成为所在地区的最大经济中心，直辖市、省会城市、县城所在地的发展都是如此。这种城镇网络的优点是能够集中有限的资本、人力和各种生产要素，发展若干急需发展的产业，形成便于统一管理的城市体系。同时，政府利用其主体地位，可以通过强有力的措施限制农村人口向城镇的过度流入，从而使城镇发展限定在一个可控范围之内，避免像其他发展中国家那样，形成城市失业大军和城市贫民区。但是，政府的主导地位容易造成对企业的过多行政干涉，降低企业的经济效益；对人口流动的限制容易造成城乡壁垒，限制城乡居民的个性发展。

（2）我国的城市化发展滞后于工业化发展。英美等发达国家的工业革命是以轻纺工业为主导展开的，而我国的工业化进程却同苏联一样，是从重工业开始的。按照目前我国所具备的工业生产能力和工业整体水平，城市化程度应该较高些。但由于重工业技术构成比例较高，所需资本投入量大，所以一定数量的资本对工业劳动力的吸纳力就相对较低，这就使城镇化的发展逐渐滞后于工业化。改革开放以来，乡镇工业化的分散进行，又使得我国的乡村城镇化进一步滞后于工业化。并且，同其他发展中国家不同，我国的城镇化是以工业为核心的，不像某些拉美和亚洲国家，其城镇化一开始就建立在服务性行业的发展基础上。因此，我国各级城市第三产业的发展都相当薄弱，大大降低了城镇第三产业对农村剩余人口的吸纳力和消化力，减慢了城镇化的应有发展步伐。

（3）我国大城市人口增长速度明显快于小城市的人口增长速度。我国城市规模结构中的大城市人口增长较快，小城市的人口增长较慢，与其他一些国家形成鲜明对照。据各国普查资料计算，全球10万～25万人口的小城市，人口年平均增长率为2.9%，而同期全球城市总人口的增长率只有2.76%。相反，1957—1984年，我国小城市的人口年平均增长率仅为1.84%，是城市人口平均增长率2.08%的0.88倍。近10多年来，我国小城市获得了较快发展，但主要是行政区划的变化使然，表现为城市数量的明显增加；实际上，考虑到长期暂住人口趋于在大城市集中，小城市的人口增长速度仍慢于大中城市。

（4）我国的城市化进程形成了独特的二元城镇发展结构。在城市化与农村城镇化并举的前提下，我国强调并突出中国式农村城镇化的发展，形成了独特的二元城镇化结构。一方面，由中央和各级政府发动的自上而下的城市化进程是在强调工业化的基础上形成的，因而设市城市的技术构成比例一般都比较高，且城市的地域规模、人口规模和产业规模发展都较为有序。另一方面，由乡村剩余劳动力自发转移形成的自下而上的农村城镇化过程，却是在资金不足、人才匮乏和技术构成比例较低的情况下起步的，因此表现为明显的小规模、分散化特征；城镇的基础设施较差，城乡差异不大，劳动力转移更多地表现为职业上的转变，而不是空间上的转变。

（三）我国城市化进程中的主要问题

城市化引起的社会结构变迁催生了各种社会矛盾，如交通拥堵、土地紧缺、环境污染、人口爆炸等；城市就像一个步履蹒跚的老人，不堪重负。我国在城市化发展进程中也不同程度地存在上述问题，具体如下：

（1）政府对城市的发展缺乏有效的调控，大城市人口快速膨胀，区域统筹不均衡。过度聚集的城市化发展使得人口、资金向大城市聚集。为了应对大城市人口无节制的增长，我国贯彻了控制大城市、发展中小城市的方针。国外一些学者认为，发展初期大城市发展速度快，发展中期中等规模城市发展速度快，发展后期小城市发展速度快；欠发达国家应该把注意力放在人口集中的原因上，而不是把努力用于阻止集中本身。同时，一些学者提议，分配城市公用投资的政府立法应与城市发展的情况相适应，要更多地体现社会经济发展对城市发展的要求，要与地区发展的不平衡相适应。我国长期存在东、中、西三大区域社会经济体的非均衡性发展问题，发展水平呈现由南向北梯度递减的特征。国内区域社会经济体的差异表现在经济总量、产业结构、开放程度、社会保障、文化教育和旅游消费等方面。当下，如何依托区域合作战略实现城市发展提档升级，成为我国新一轮城市化进程的基本诉求。

（2）城乡划分标准简单，城市发展缺乏渐进性。我国的城乡划分是以人口为主要衡量标准，并且以单一的城市行政地域划分为主，缺乏可量化的指标，对概念的解释不够详细，实体地域概念模糊，相关城市化进程的数据不能得到国际上的认可。同时，在推进城市化发展的进程中，推进方式过于简单。有的地区仅因为行政建制发生变化，大量农村人口突然变成城镇人口；有的地区为了达到省级标准，盲目扩大非农业人口，导致基础设施不足，公共服务水平跟不上。城市发展模式和标准单一，城市之间发展不平衡问题日益严重。

（3）城市资源利用不合理，城市可持续发展的后劲不足。近年来，全国范围的开发区设置和房地产建设严重失控的超城市化发展，使得城市边缘用地增长，耕地资源撂荒，土地资源严重浪费，土地征用矛盾突出。城市用地结构不合理，城市空间分配与产业定位、功能设计、区位特色、市场资源配置相脱节，导致了一系列城市病蔓延，如城市的交通拥堵问题、环境污染问题等，人们不得不面对"聚集不经济"的效应。

（4）城市间产业结构趋同，城市化水平较低。由于市场发育不完善，各地竞相发展价高利大的加工业，一方面导致了重复引进，重复建设；另一方面，同类企业之间相互竞争、争夺原材料和市场，造成经济效益较好的工厂效益下降。城市间分工不明确，产业结构趋同，再加上高校扩招和专业的重复设置，导致高校人才培养与市场需求的结构性矛盾凸显，大学生群体就业压力逐渐显现。同时，农业人口向城镇转移是长期以来城市化的主线，然而城市的发展却忽视了农业对于城镇化的基础作用；地区经济结构变动和产业转型升级进一步导致劳动力供需结构失衡，诱发失业，使得民工潮与民工荒并存；在农村富余劳动力转移导致就业竞争激烈的同时，有一定技术水平的或熟练的农民工劳动力却供不应求。如何促进城市的产业升级，稳固第一产业，促进第三产业的协调发展，是我国科学推进城市化进程中的核心问题。

三、区域协同发展理论提出

（一）京津冀协同发展的历史

第一次是20世纪80年代中期，国家开始实施国土整治战略，将京津冀地区作为"四大"试点地区之一（其他是沪苏浙、珠江三角洲和"三西"煤炭能源基地），要求环渤海和京津冀地区开展全面的国土整治工作，以实现区域分工协作、发挥资源比较优势、治理生态环境、开展跨区域基础设施建设、优化产业和人口布局，实现区域协调发展。这次区域合作在跨区域交通基础设施建设、水资源节约利用、土壤污染等方面取得了一定成效，为以后的区域合作打下了一定基础。

第二次是21世纪初，为配合北京市新的功能定位和天津滨海新区大规模建设，由国家发改委牵头在河北廊坊举行了京津冀三方政府、企业和学者等各界人士参与的京津冀区域合作论坛，并达成了著名"廊坊共识"，提出了在公共基础设施、资源和生态环境保护、产业和公共服务等方面加速一体化进程的愿望；此后，国家发改委有关部门一直在据此起草有关合作规划和文件。但由于种种原因（特别是世界金融危机的爆发），该规划几经调整和修改，至今还是没有出台。

（二）京津冀协同发展的提出

中共中央总书记、国家主席、中央军委主席习近平 2014 年 2 月 26 日在北京主持召开座谈会，专题听取京津冀协同发展工作汇报，强调实现京津冀协同发展是面向未来打造新的首都经济圈、推进区域发展体制机制创新的需要，是探索完善城市群布局和形态、为优化开发区域发展提供示范和样板的需要，是探索生态文明建设有效路径、促进人口经济资源环境相协调的需要，是实现京津冀优势互补、促进环渤海经济区发展、带动北方腹地发展的需要，是一项重大国家战略，要坚持优势互补、互利共赢、扎实推进，加快走出一条科学持续的协同发展路子来。

习近平指出，北京、天津、河北人口加起来有 1 亿多，土地面积有 21.6 万平方千米，京津冀地缘相接、人缘相亲，地域一体、文化一脉，历史渊源深厚、交往半径相宜，完全能够相互融合、协同发展。推进京津冀协同发展，要立足各自比较优势，立足现代产业分工要求，立足区域优势互补原则，立足合作共赢理念，以京津冀城市群建设为载体，以优化区域分工和产业布局为重点，以资源要素空间统筹规划利用为主线，以构建长效体制机制为抓手，从广度和深度上加快发展。推进京津双城联动发展，要加快破解双城联动发展存在的体制机制障碍，按照优势互补、互利共赢、区域一体原则，以区域基础设施一体化和大气污染联防联控作为优先领域，以产业结构优化升级和实现创新驱动发展作为合作重点，把合作发展的功夫主要下在联动上，努力实现优势互补、良性互动、共赢发展。

（三）京津冀协同发展提出的要求

京津冀协同发展提出七点要求：一是要着力加强顶层设计，抓紧编制首都经济圈一体化发展的相关规划，明确三地功能定位、产业分工、城市布局、设施配套、综合交通体系等重大问题，并从财政政策、投资政策、项目安排等方面形成具体措施。二是要着力加大对协同发展的推动，自觉打破自家"一亩三分地"的思维定式，抱成团朝着顶层设计的目标一起做，充分发挥环渤海地区经济合作发展协调机制的作用。三是要着力加快推进产业对接协作，理顺三地产业发展链条，形成区域间产业合理分布和上下游联动机制，对接产业规划，不搞同构性、同质化发展。四是要着力调整优化城市布局和空间结构，促进城市分工协作，提高城市群一体化水平，提高其综合承载能力和内涵发展水平。五是要着力扩大环境容量生态空间，加强生态环境保护合作，在已经启动大气污染防治协作机制的基础上，完善防护林建设、水资源保护、水环境治理、清洁能源使用等领域合作机制。六是要着力构建现代化交通网络系统，把交通一体化作为先行领域，加快构建快速、便捷、高效、安全、大容量、低成本的互联互通综合交通网络。七是要着力加快推进市场一体化进程，下决心破除限制资本、技术、产权、人才、劳动力等生产要素自由流动和优化配置的各种体制机制障碍，推动各种要素按照市场规律在区域内自由流动和优化配置。

（四）京津冀协同发展的倡议

（1）坚持生态优先为前提，推进产业结构调整，建设绿色、可持续的人居环境。以区域资源环境，特别是水资源、大气环境承载力等为约束，严格划定保障区域可持续发展的生态红线，明确城镇发展边界，合作推进"环首都国家公园"和区域性生态廊道建设。提高城镇的用地集约利用效率，实现"存量挖潜、增量提质"，构建生态、生产、生活相协调的城乡空间格局。加强城乡地域特点和人文特色塑造，保护传统村落，共同构建区域文化网络体系。

（2）坚持区域一体、协同发展的原则，谋求城镇体系、区域空间、重大基础设施的协同发展与布局。促进城镇功能合理分工，优化城镇规模结构，着力培育区域次中心城市和沿海新开发地区；强化京津高端服务功能合作对接，京津冀共同构筑面向国际的开放平台；加快建立"网络化、低碳化、安全化"的区域交通运输体系，提升天津、石家庄等中心城市的客货运枢纽地位，与北京共同构筑国际门户和国家综合交通枢纽；促进京津冀地区各机场之间的分工协作，立足北京新机场建设服务于区域的立体交通运输体系与国际物流基地，着重完善互联互通的城际轨道网。

（3）破除阻碍区域人口和要素自由流动的体制壁垒和制度障碍，促进多种形式的跨地区合作。重点加强创新、文化、教育、医疗、旅游等的跨区域合作交流，推进多种形式的经贸合作。通过区域治理创新，促进共建共享，建立区域竞合发展的良性格局，提升区域整体竞争力。两市一省应合作开展支持冀中南地区、张承地区绿色转型发展的研究。

（4）建立跨区域规划的编制与实施工作的新体制、新机制。应充分发挥京津冀空间协同发展规划的综合协调平台作用，开展专项规划对接，加强重大空间布局问题的协商沟通。充分利用区域内智力资源密集的优势，以京津冀的协同发展为目标，大力推进城镇群发展理论与规划实践的创新。

第二节　京津冀协同发展宏观政策

一、《京津冀协同发展规划纲要》战略目标

习近平总书记强调，北京要强化首都功能，成为"四大中心"——全国政治中心、文化中心、国际交往中心和科技创新中心。与此同时，北京要调整疏解非首都核心功能，优化产业结构，提升城市建设质量，遏制"摊大饼"式的发展。京津冀协同发展的目标是：近期到 2017 年，有序疏解北京非首都功能取得明显进展，在符合协同发展目标且现实急需、具备条件、取得共识的交通一体化、生态环境保护、产业升级转移等重点领域率先取得突破，深化改革、创新驱动、试点示范有序推进，协同发展取得显著成效。中期到 2020 年，北京市常住人口控制在 2300 万人以内，北京"大城市病"等突出问题得到缓解；区域一体化交通网络基本形成，生态环境质量得到有效改善，产业联动发展取得重大进展。公共服务共建共享取得积极成效，协同发展机制有效运转，区域内发展差距趋于缩小，初步形成京津冀协同发展、互利共赢新局面。远期到 2030 年，首都核心功能更加优化，京津冀区域一体化格局基本形成，区域经济结构更加合理，生态环境质量总体良好，公共服务水平趋于均衡，成为具有较强国际竞争力和影响力的重要区域，在引领和支撑全

国经济社会发展中发挥更大作用。

二、"十三五"时期京津冀协同发展具体政策

根据党的十八届五中全会的建议，2016 年 3 月，全国人大第十二届四次会议通过《中华人民共和国国民经济和社会发展第十三个五年规划纲要》，对京津冀协同发展战略作出全面系统的部署。[①] 现将国家级"十三五"规划纲要的第三十八章"推动京津冀协同发展"内容摘引如下：

坚持优势互补、互利共赢、区域一体，调整优化经济结构和空间结构，探索人口经济密集地区优化开发新模式，建设以首都为核心的世界级城市群，辐射带动环渤海地区和北方腹地发展。

（1）有序疏解北京非首都功能。积极稳妥推进北京非首都功能疏解，降低主城区人口密度。重点疏解高耗能高耗水企业、区域性物流基地和专业市场、部分教育医疗和培训机构、部分行政事业性服务机构和企业总部等。高水平建设北京市行政副中心。规划建设集中承载地和"微中心"。

（2）优化空间格局和功能定位。构建"一核双城三轴四区多节点"的空间格局。优化产业布局，推进建设京津冀协同创新共同体。北京重点发展知识经济、服务经济、绿色经济，加快构建高精尖产业结构，而天津优化发展先进制造业、战略性新兴产业和现代服务业，建设全国先进制造研发基地和金融创新运营示范区。河北积极承接北京非首都功能转移和京津科技成果转化，重点建设全国现代商贸物流重要基地、新型工业化基地和产业转型升级试验区。

（3）构建一体化现代交通网络。建设高效密集轨道交通网，强化干线铁路建设，加快建设城际铁路、市域（郊）铁路并逐步成网，充分利用现有能力开行城际、市域（郊）列车，客运专线覆盖所有地级及以上城市。完善高速公路网络，提升国省干线技术等级。构建分工协作的港口群，完善港口集疏运体系，建立海事统筹监管新模式。打造国际一流航空枢纽，构建航空运输协作机制。

（4）扩大环境容量和生态空间。构建区域生态环境监测网络、预警体系和

[①]《中华人民共和国国民经济和社会发展第十三个五年规划纲要》（2016 年 3 月 16 日第十二届全国人民代表大会第四次会议通过），新华社北京 2016 年 3 月 17 日电。有关教育和人力资源开发方面的内容暂略。

协调联动机制，削减区域污染物排放总量。加强大气污染联防联控，实施大气污染防治重点地区气化工程，细颗粒物浓度下降 25% 以上。加强饮用水源地保护，联合开展河流、湖泊、海域污染治理。划定生态保护红线，实施分区管理，建设永定河等生态廊道。加大京津保护地区营造林和白洋淀、衡水湖等湖泊湿地恢复力度，共建坝上高原生态防护区、燕山—太行山生态涵养区。

（5）推动公共服务共建共享。建设区域人力资源信息共享与服务平台，衔接区域间劳动用工和人才政策。优化教育资源布局，鼓励高等学校学科共建、资源共享，推动职业教育统筹发展。建立健全区域内双向转诊和检查结果互认制度，支持开展合作办医试点。实现养老保险关系在三省市间的顺利衔接，推动社会保险协同发展。

综上所述，党的十八届五中全会文件和国家级"十三五"规划纲要，勾画了今后五年全面建成小康社会决胜阶段和改革攻坚期京津冀协同发展的蓝图，与尚未公开的《京津冀协同发展规划纲要》相互协调，也为今后京津冀教育协同发展指明了方向。

第三节　京津冀教育协同发展基本概况

京津冀地区的教育既集聚了我国顶尖的优质教育资源，又是区域人才与科研成果的供给者，不仅肩负着为我国建设教育强国、世界一流大学、一流学科的重任，而且还要为区域经济社会协同发展提供有力的支撑与服务。京津冀教育协同发展是以实现京津冀教育协同新的经济社会功能为目标的改进各个教育子系统结构、功能以及形成子系统之间协同一致关系的过程。京津冀地区智力资源密集，教育基础雄厚，教育的比较优势优于区域经济的比较优势，教育需要承担更多的责任来引领区域经济发展。就基础教育而言，学前教育、义务教育和普通高中教育的协同工作，应在京津冀三地的各自行政区域内统筹安排、各负其责，并在整体规划的前提下逐项落实。职业教育的协同要解决"同质性"高、人才对接不足等问题，对北京市的高等职业教育有一个明确的功能定位，鼓励区县所办高等职业院校开展与邻近地区的合作办学；同时，在河北省积极发展社会培训和非学历教育，加大技能型人才培养力度和面向基层一线职工或农民工的培训。对高等教育而言，其在学校规模的提升、空间布局的调整和教育手段的现代化、国际化以及科技创新等方面仍大有可为。

一、京津冀教育规模

从表1-7看，2019年京津冀三地的学前教育和学历学校教育的总规模接近1999万人，与全国同口径近2.7亿在学规模相比，占常住人口比例略低于全国平均水平。其中，河北与全国持平，京津即使加入非本地籍人口就学因素，在学人数总规模占比也低于全国，与人口老龄化状态有关。尽管河北普通高校和成人高校的规模超过京津两市的总和，但研究生规模远低于京津两市，连天津也只有北京的1/6左右，主要缘于北京市聚集数量众多的"985""211"工程大学以及国家级科研院所，在全国118所中央部属高校中，位于北京的有37所，位于天津的有3所，位于河北的有4所。

表1-7 2019年各级学校在校生和在园儿童情况（单位：万人）

地区	北京	天津	河北	全国
幼儿园（班）	46.8	27.59	239.04	4713.9
小学	94.2	70.2	679.11	10561.2
初中	30.9	46.20	297.31	4827.1
普通高中	7.7		50.67	2414.3
中职学校	13.4	9.97	77.46	1576.5
普通高校本专科	58.6	53.94	147.40	3031.5
高校和科研院所研究生	36.1	7.33	5.52	286.37
合计	287.7	215.23	1496.51	27410.87
常住人口	2154	1562	7592	140005
在校人数百分比（%）	13.4	13.8	19.7	19.6

数据来源：《北京市2019年国民经济和社会发展统计公报》《天津市2019年国民经济和社会发展统计公报》《河北省2019年国民经济和社会发展统计公报》《中国统计年鉴2020》

从表1-8每十万人口各级学校在校生和学前教育在园人数看，全国学前教育和高等教育的占比逐年提高，小学、初中、高中的占比则受生育政策影响有所波动。北京、天津两市每十万人口中高教在校生数值最高，均超过本市高中阶段在校生。当然，这并非意味着京津高中毕业生均可进入高校，主要是京津高校资源集中度高,非京津籍高校在校生比重大。与常住人口关系最为密切的是,京津常住人口中新出生人口比重很小,加上非本地籍流动人口在京津就学,每十万人口义务教育阶段在校生仍然仅为全国平均水平及河北平均水平的一半。河北每十万人口小学在校生占比最高,略高于全国平均水平,每十万人口高等学校在校生尚低于高中阶段在校生。

表 1-8 2011—2015 年每十万人口各级学校在校生和学前教育在园人数(单位:人)

各级教育	年份	全国	北京	天津	河北
学前教育	2011	2554	1587	1740	2550
	2012	2736	1643	1687	2710
	2013	2876	1685	1651	2922
	2014	2977	1726	1629	2957
	2015	3118	1831	1665	3138
小学	2011	7403	3468	3992	7521
	2012	7196	3560	3928	7765
	2013	6913	3815	3907	7495
	2014	6946	3883	3893	7696
	2015	7086	3951	3969	8075
初中阶段	2011	3779	1541	2017	2989
	2012	3535	1513	1893	3002
	2013	3279	1501	1845	2866
	2014	3222	1451	1815	3121
	2015	3152	1317	1724	3198
高中阶段	2011	3489	2104	2441	3427
	2012	3411	2114	2275	3148
	2013	3227	1912	2077	2745
	2014	3100	1639	1931	2611
	2015	2965	1426	1866	2555
高等教育	2011	2253	5613	4329	2006
	2012	2335	5534	4358	2063
	2013	2418	5469	4346	2108
	2014	2488	5429	4283	2098
	2015	2524	5218	4185	2124

数据来源:教育部发展规划司,《中国教育事业发展统计简况》(2011—2015 年)。高等教育包括普通高校和成人高校。高中阶段包括普通高中、成人高中、普通中专、职业高中、技工学校和成人中专。

二、京津冀教育协同发展

（一）教育协同发展的概念

协同学（Synergetics）是由赫尔曼·哈肯（Harmann Haken）在 20 世纪 70 年代创建的一门交叉学科，它是研究开放系统通过内部子系统间的协同作用而形成有序结构机理和规律的学科，是自组织理论的重要组成部分。"Synergetics"为古希腊语，意为"合作的科学"（Science of Cooperation），表示在一个系统发生相变时，会因大量子系统的协同一致引起宏观结构的质变，从而产生新的结构和功能。"协同作用"是协同学与协同理论的基本概念，实际上就是系统内部各要素或各子系统相互作用和有机整合的过程。在此过程中强调系统内部各个要素（或子系统）之间的差异与协同，强调差异与协同的辩证统一必须获得的整体效应等。

赫尔曼·哈肯对协同学概念和研究对象的表述是：它研究系统中子系统之间怎样合作以产生宏观的空间结构、时间结构或功能结构（即怎样产生自组织），它研究由完全不同性质的大量子系统所构成的各种系统。通过子系统之间的相互作用，整个系统将形成一个整体效应或者一种新型结构，这个整体效应具有某种全新的性质，而在子系统层次上可能不具备这种性质。

"教育协同学"是一个在国内外没有人系统研究的概念。相关研究认为，"教育协同学"是研究教育系统在应对外界条件发生变化时，其内部各个子系统如何进行调整和改进，达成新的协同关系，并引起宏观结构质变，产生教育系统新的结构和功能的一门科学。[①] 教育协同学的研究目的就是从统一的、整体的观点处理教育协同各部分之间的相互作用，实现宏观水平上教育结构和功能的协作。

教育协同发展就是以实现教育系统新的经济社会功能为目标，改进各个教育子系统结构、功能以及形成子系统之间协同一致关系的过程。

（二）京津冀教育协同发展相关政策

1.《京津冀教育协同发展"十三五"专项工作计划》

2017 年 2 月 17 日，京津冀教育协同发展工作推进会在廊坊举行。会上发

---

① 孙善学，吴霜，杨蕊竹.京津冀教育协同发展战略研究 [M].北京：首都经济贸易大学出版社，2016：92.

布了《京津冀教育协同发展"十三五"专项工作计划》。根据计划，三地将重点推进教育领域非首都功能疏解合作、基础教育合作、教育人才队伍建设等 10 个重点项目。

在教育领域非首都功能疏解合作方面，三省市将共同探索完善高校搬迁、建立分校、合作办学等机制，加强疏解承接地教育合作，完善疏解学校新校区建设及运行资金、建设用地、教师工作生活、学生学籍等方面的政策保障机制。这一计划提出：推进北京城市副中心与津冀毗邻地区教育统筹发展，合理规划区域教育发展，高品质配置北京城市副中心教育资源，支持北京市教育资源在河北廊坊北三县创新机制建设优质学校，重点推进北京市通州区、天津市武清区、河北省廊坊市三地基础教育协同发展。

为推进京津冀高等教育资源共享，将继续推进组建京津冀高校联盟，促进课程互选、学分互认、教师互聘和师生交流。建立三省市高校大型科学仪器设备库。建设一批开放共享的高校学生实习实践基地。三省市高校、科研院所试点联合培养研究生，实现资源共享。

为推进基础教育合作，三地将鼓励采取教育集团、学校联盟、结对帮扶、委托管理、开办分校等方式，引导北京、天津优质中小学与河北中小学开展跨区域合作办学，整体提升学校管理水平，实现京津冀优质数字教育资源共建共享。

在教育人才队伍建设方面，推动北京师范大学、首都师范大学、天津师范大学、河北师范大学等师范院校在河北省联合建立教师培养培训重点基地。联合在河北省开展"教师校长百千万工程"，三省市互派校长、教师、管理干部等挂职交流，完善三省市高校间教师访学交流机制。

在教育对口帮扶方面，北京、天津发挥基础教育和职业教育比较优势，主动输出优质资源，在河北省燕山、太行山等集中连片特困地区，开展中小学教师、技术技能人才对口支持培养。加快天津中德应用技术大学承德分校建设进度，全力支援承德地区职业技能人才培养。

在职业教育人才培养合作方面，组建若干跨省市职业教育集团（联盟）。合作建设一批职业院校培养和实训基地。开展技术技能人才联合培养试验，建设跨省市职业教育专业群，探索建立三省市职业教育学习成果互通互认机制。推进职业教育统筹协作平台建设。积极争取教育部等部委支持，吸收并扩大三省市政府部门、学校、行业、企业参加到职业教育协同发展平台，推动资源共享、产教融合、师生交流、就业创业等。

推进大学生思想政治教育工作协作，定期举办工作研讨会，开展辅导员、思想政治理论课教师挂职研修，共享三地爱国主义教育基地等教育资源，联合评选京津冀大学生思想政治教育工作实效奖。此外，在教育协同发展科学研究方面，发挥专门研究机构作用，深入研究区域教育协同发展政策、机制，形成一批理论成果。

2.《京津冀教育协同发展行动计划（2018—2020年）》

为推动京津冀教育协同发展，2019年1月7日，京津冀教育协同发展推进会在雄安新区召开。北京市教委、天津市教委、河北省教育厅联合印发了《京津冀教育协同发展行动计划（2018—2020年）》，明确提出，今后将优化提升教育功能布局，推动基础教育优质发展，加快职业教育融合发展，推动高等教育创新发展。《京津冀教育协同发展行动计划（2018—2020年）》涵盖了优化提升教育功能布局、推动基础教育优质发展、加快职业教育融合发展、推动高等教育创新发展、创新教育协同发展体制机制五大方面的内容，包括优化提升首都教育功能、高水平配置北京城市副中心教育资源、全力支持雄安新区建设、完善津冀教育承接平台、促进区域基础教育深度融合、加强协作提升教师能力素质、加快优质基础教育资源共建共享、依托职业教育集团促进院校服务能力升级、推动技术技能人才联合培养、推进三省市职业教育协同发展、优化高等教育协同育人体系、构建高等学校协同创新体系、提升高等教育资源共享水平、搭建协同管理机制、健全组织实施机制、完善配套政策保障等16条措施。

行动计划提出，高水平配置北京城市副中心教育资源，北京市从中心城区引入优质教育资源，加快建设一批优质学校，带动提升区域整体基础教育品质。不断加强教育设施布局规划建设，进一步优化教育资源布局，全面增强津冀教育资源承载能力，提升公共教育服务、产业人才支撑服务与科技创新服务水平。

在基础教育方面，继续推动京津优质中小学（幼儿园）采取教育集团、学校联盟、结对帮扶、委托管理、开办分校等方式，与河北省中小学（幼儿园）开展跨省域合作办学。支持有条件的在京部委属高校到天津市、河北省与当地教育行政部门协作，共建附中、附小、附幼。落实京津冀教育对口帮扶项目，特别是助力河北省 10 个深度贫困县精准脱贫。深入推进中小学、幼儿园教师、校（园）长挂职交流，试点三省市教师资格、职称职务互认。

在职业教育方面，依托职业教育集团促进院校服务能力升级。在巩固已有跨省职教集团（联盟）基础上，共建实训基地，建设京津冀职业教育对接产业服务平台，推动职业院校、职教园区与产业聚集区融合发展，协同提升高端技术技能人才培养水平。根据产业链需求，重点建设一批职业教育专业群，推进跨省市中高职衔接，对跨省就读的职业教育学生在免学费、助学、培训补贴等方面逐步实行同城同等待遇。

在高等教育方面，深化京津冀高校联盟建设，探索培养方案互通，开展课程互选、学分互认、教师互聘、学生交流和短期访学。鼓励京津冀高校发挥学科互补优势，开展协同创新攻关与成果转化应用，为地方政府发展提供智力支持。推动高校创新支撑服务城市空间布局和产业集群发展，共同推动部分地方本科院校向应用型转变。

（三）京津冀教育协同发展目标

京津冀教育协同发展目标是由教育系统整体目标和各个子系统目标组成的目标体系。教育系统整体目标又分为外部目标和内部目标。

外部目标：通过京津冀教育协同发展，使京津冀教育系统能够适应并服务于京津冀协同发展国家重大战略需要；探索跨省市行政区域教育合作与发展新模式；提升京津冀教育发展水平和国际竞争力。

内部目标：通过京津冀教育协同发展，促进区域内教育公平，提高教育质量、人才培养水平和创新能力，提升服务经济社会发展的能力。

子系统目标包括区域性子系统目标和教育类型子系统目标。

（四）京津冀教育协同发展的基本原则

1. 一体化原则

把京津冀教育系统看作一个有机的整体，以整体观念考虑教育发展目标、规划、政策和措施。

2. 开放性原则

把京津冀教育系统看作一个开放的系统，既要适应系统外部环境变化和要求，实现系统与外部的对接和互动，又要在内部子系统之间互相开放、有效衔接。要打破地区保护主义和区域行政性壁垒。

3. 协同性原则

协同既是一种状态，又是达成协同一致的动态过程。整体系统的优化建立在各子系统的调整与改进的基础之上，为实现系统新的结构和功能，不同区域子系统和教育类型子系统都没有理由拒绝作出改变。

4. 互利共赢原则

以京津冀三地各自的比较优势（包括相对比较优势和绝对比较优势）为基础，通过合作形成互补性效应，获得整体大于部分之和的合成效益。例如，那些不符合京津冀某一地区发展方向和长远利益而只有短期利益或局部利益的合作，不可持续且没有意义。

（五）京津冀教育协同发展系统内容

京津冀教育协同发展决策系统包括：教育协同发展领导体制和工作体系，教育协同发展规划子系统，教育协同发展决策支持子系统，教育信息化与教育资源建设子系统，教育督导与教育评价子系统。

京津冀教育协同发展区域分系统包括：北京市教育分系统，天津市教育分系统，河北省教育分系统，教育部部属院校分系统。

京津冀教育类型子系统包括：基础教育协同发展子系统，职业教育协同发展子系统，高等教育协同发展子系统，终身教育与全民学习协同发展子系统，产学研协同创新子系统。

概言之，作为基本社会公共服务的教育，会在这项战略的实施过程中发挥基础性作用。在当前新形势下，完善京津冀区域教育治理结构和发展模式，构建高效畅通的教育协同机制，超越过往以省市行政区划为基本单位的分立的公共教育体制，缩小区域内部教育发展水平的差距，最终达成区域教育优质均衡的根本目标，将成为京津冀协同发展国家战略中的一项重要内容，同时也是进一步深化教育改革、探索教育体制创新的重要路径之一。

第二章　京津冀教育协同发展资源配置现状

　　教育资源丰富是京津冀地区突出的资源特征。无论是在基础教育、高等教育还是在职业教育、继续教育等领域，京津冀三地都各有优势，特色鲜明。例如，北京市一直是我国教育现代化水平最高的地区之一；天津市是全国首个"国家现代职业教育改革创新示范区"，在我国职业教育发展中扮演着改革排头兵和创新发展先行者的角色；河北省在基础教育的均衡与特色发展方面也积累了丰富且珍贵的经验。伴随着北京非首都功能疏解、京津冀交通一体化、生态环境保护、产业转型升级等的快速推进，教育等公共服务部门在京津冀协同发展中的地位日益凸显。[①]京津冀地缘相近、人缘相亲，相关的教育合作和交流一直很活跃，区域内教育部门之间也已经形成了一些富有特色的合作交流机制，因此，重视教育与人力资源开发，充分发挥其教育资源的价值对京津冀协同发展具有非常积极的意义和价值，这也是京津冀协同发展国家战略实施的时代要求。[②]

　　京津冀区域协作作为战略重点大力推进，京津冀教育资源必须成为区域发展的驱动力，原因有以下几点：京津冀区域发展需要构建相互认同的人文环境，教育是传承文化的动力和源泉；京津冀区域发展需要培养适应产业结构升级的人力资源，教育起主导作用；京津冀区域经济发展必须提高科技创新能力，教育科研是提升区域核心竞争力的主体力量；京津冀区域面临人口老龄化和流动人口等一系列问题，教育资源整合有助于缓解这些问题带来的压力。

　　从教育与人力资源发展情况来看，与长三角、珠三角相比，京津冀呈现以

---

① 安树伟，王瑞娟.京津冀协同发展的三个难点问题[J].前线，2019（6）：57-60.

② 桑锦龙.持续深化新时代京津冀教育协同发展[J].教育研究，2019（12）：124-130.

下特点：区域劳动年龄人口比重大，人口密度相对低；区域居民高学历人口比重大；科技资源具有政府主导的特征；区域教师数量充足，高等教育规模大；区域教育经费投入比重大。但是，从京津冀区域教育发展的基本情况来看，优质教育资源在三地的分布显著不均衡。京、津教育发展水平在全国位居前列，河北省则处于中下游水平，部分指数仅有北京市的1/4甚至1/5。在基础教育领域，京、津已先于全国大多数省份基本实现教育现代化，涌现出一大批全国闻名的优质幼儿园、小学与中学。相比较而言，河北省则鲜有能够在全国叫得响的优质特色学校。在高等教育领域，京、津可谓名校云集，河北省则是以地方高等教育为主的高等教育规模大省，而非高等教育质量强省。京津冀资源配置的不均衡导致三地不仅在经济社会与教育发展水平方面存在显著差异，而且京津冀教育协同发展缺乏体制机制保障，特别是在现行管理体制下教育投入保障能力差距非常显著，导致京津冀资源配置呈现显著差异。

在协同治理理论和政府间合作理论的指导下，对京津冀三地教育资源配置现状进行深入考察分析是三地教育资源共建共享的前提和基础。关于京津冀教育资源配置现状，可以从财政性教育经费投入、基础教育资源配置、高等教育资源分布和职业教育与产业结构协同现状这四个维度进行分析，对生师比、专任教师学历、生均公共财政预算公用经费增长等方面进行数据对比。通过对三地教育资源配置现状考察分析，以便深入了解三地在财政投入、师资等方面的差距，为更快找到三地优质教育资源共建共享的途径提供数据支持，最终实现区域教育资源配置协同发展。

第一节　京津冀财政性教育经费投入现状

京津冀区域经济社会发展水平的较大差距，直接影响着当地公共财政性教育经费投入水平，而合理的教育财政投入比例又是教育发展、经济增长的重要保障。

首先，京津冀基础教育阶段的公共预算教育经费差距明显。京津财政教育支出基数大，处于稳定增长阶段，河北明显受到近年经济结构调整下行压力影响，公共财政教育支出增幅低于京津。[①]2019 年，北京市普通小学生均一般公共预算教育事业费 32132.36 元，是河北的 3.8 倍；北京市普通初中生均一般公共预算教育事业费为 61061.29 元，是河北的 5.1 倍；北京市普通高中生均一般公共预算教育事业费为 73267.10 元，是河北的 5.7 倍。[②]三地各级教育生均一般公共预算教育事业费有明显的差距，河北政府对教育投入水平方面的落后态势十分明显。

其次，京津冀三地国家财政性教育经费中央拨款更是呈现较大差别，2019 年北京市中央财政性教育经费拨款 6934235.4 万元，主要原因：一是因政策性改革，基本经费有所增加；二是落实关于统筹推进北京高等教育改革发展的若干意见以及教育领域非首都功能疏解等有关政策。天津市 2019 年中央财政性教育经费拨款 765064.6 万元，而同年河北省中央财政性教育经费拨款仅为 141873.3 万元。[③]由此看来，京津冀三地的教育经费投入差异巨大，必然从根本上导致三地教育资源分布不均以及优质教育资源配置不均衡的现象。

再次，高等教育财政投入的多少高度体现国家对省市教育的扶持政策和国家的教育战略部署。在高等院校教育经费方面，2019 年北京地区的教育经费总收入数为同期天津地区的 3.3 倍、河北地区的 1.4 倍，但是河北省生均财政投入相对于京津两地仍有较大的差距，教育经费投入不足，直接导致河北省教育阶段区域间发展不均衡，中高等职业院校优质资源相对较少，高等教育总体发展水平还不够，也是三地教育协调发展面临的重大挑战之一。2017 年以来，国家统筹推进"双一流"建设，北京市有近 30% 的高校被纳入"双一流"建设名单，获得了更多的政策和经费扶持。河北省仅有 1 所高校纳入国家双一流建设，仅靠省级财政经费支持，力度极其有限。河北部分高校出现经费投入规模增长与办学规模增长严重不匹配的情况，河北高校的可支配收入来源主要来源于财政拨款和学宿费收入，受学校发展水平和层次等因素影响，河北高校无法获得更多的社会资金投入。从教育经费投入的使用方向

① 张力，李孔珍. 区域教育协同发展的政策方案与理论研究——京津冀教育协同发展对策研究 [M]. 广州：广东教育出版社，2017：3-4.

② 国家统计局. 中国教育经费统计年鉴 2019[Z]. 北京：中国统计出版社，2020.

③ 国家统计局. 中国教育经费统计年鉴 2019[Z]. 北京：中国统计出版社，2020.

来看，部分河北高校的收入结构性矛盾突出，财政拨款中的基本支出补助不能满足学校的人员经费和日常公用支出需求，科研经费和专项资金需要专款专用，学校不能调剂使用，部分专项经费受项目执行进度影响，年底不能实现资金使用效益，收入的结构性供给无法满足河北高校正常支出，使其教育事业发展受限。

第二节 京津冀基础教育资源配置现状

基础教育资源是指在基础教育过程中所占用、使用和消耗的人力、物力和财力资源，即教育人力资源、物力资源和财力资源的总和。这其中教育人力资源有着更加关键的影响作用，主要包括教育者人力资源和受教育者人力资源。根据2008—2020年京津冀各地新生儿统计数据，基础教育（包括学前教育）规模呈上升趋势，各地对基础教育资源配置的需求不断提高。

京津冀基础教育协同发展是以提升区域教育质量水平、促进教育内涵发展为目标，具有基础性、先导性和示范性作用。[①] 由于基本公共教育服务具有较强的本地属性，较难展开跨区域的深度互通合作，导致资源配置不均以及京津冀三地当前教育发展现状的不同。对于北京和天津来说，首先需要扩大优质教育资源的比例，其次增加教育机构的数量，而河北省则重点在贫困带增加基础教育数量。在此主要探讨京津冀基础教育资源配置中的人力资源配置现状，包括师资配置以及班级规模两大方面。

一、京津冀师资配置现状

师资均衡配置是义务教育均衡发展的关键，它的关键作用表现在一方面师资的均衡配置是义务教育阶段教育资源均衡配置的重要标志和体现；另一方面，义务教育是基础教育，学生的身心健康、逻辑思维能力、辨别是非能力以及自我教育能力都是在这一阶段初步形成的，教师对学生的影响十分深刻。在此主

[①] 张强，宋德正. 借力京津冀基础教育协同发展提升区域教研水平 [J]. 教育实践与研究，2019（33）：17-18.

要从教师的受教育程度研究师资配置状况。

师资配备上，京津冀义务教育阶段专任教师受教育状况呈现梯次分布，教育资源配置严重不平衡，制约着三地教育质量的均衡发展。根据中华人民共和国教育部 2018 年教育统计数据可以看出：（1）在幼儿园阶段，北京共有园长和专任教师 43868 人，从学历上看，其中研究生占比 1.56%，本科学历占比 48.14%，本科以上占比 49.7%。天津共有园长和专任教师 24124 人，其中研究生学历占比为 1.61%，本科学历占比 48.58%，本科以上学历占比为 50.19%。河北省共有园长和专任教师 152285 人，其中研究生占比 0.22%，本科学历占比 18.09%，本科以上占比 18.31%。北京比河北高出 31.39%，天津比河北高出 31.88%。（2）在小学阶段，2018 年，河北具有本科学历的教师占教师总数的 54.4%，不仅远远低于天津的 75.4% 和北京的 84.8%，而且低于全国平均水平 57.97%。小学阶段专任教师本科以上学历比例超 60% 的省份有五个，北京（92.95%）排第一，天津（80.99%）排第五，两地均在第一层次，而河北（55.18%）低于全国平均水平，与北京、天津差距较大。^①（3）在初中阶段，北京和天津具有本科以上学历的教师数分别占到教师总数的 99.2% 和 97.1%，河北较之北京低将近 12 个百分点。^②（4）在高中阶段，2018 年北京普通高中专任教师中具有本科以上学历的人数占到总数的 99.88%，其中具有研究生学历教师已占到专任教师总数的 30.14%。天津本科以上学历教师数占到教师总数的 99.52%，具有研究生学历教师数占到教师总数的 17.7%。河北本科以上学历教师数占到教师总数的 98.43%，但研究生占比仅为 9.15%。^③

总体而言，在义务教育阶段北京师资明显优于全国平均水平，而河北专任教师资源较之北京和天津还有很大差距。该阶段教师质量及配置情况关系到学

---

① 中华人民共和国教育部发展规划司 . 中国教育统计年鉴 2018[Z]. 北京：人民教育出版社，2019.

② 中华人民共和国教育部发展规划司 . 中国教育统计年鉴 2018[Z]. 北京：人民教育出版社，2019.

③ 中华人民共和国教育部发展规划司 . 中国教育统计年鉴 2018[Z]. 北京：人民教育出版社，2019.

生学习质量和未来的发展，由此可知，师资配置的不协同会进一步造成京津冀三地教育发展不均衡。

二、京津冀班级规模现状

班级规模是影响学生的学习成绩、学习参与度以及师生关系的重要因素，京津冀基础教育资源配置在班级规模方面也存在着一定的差距。在此根据 2018 年教育统计年鉴中有关京津冀三地的数据进行整理计算并对比，发现三地义务教育阶段平均班额的差异，进一步从班级规模现状这一角度思考京津冀教育协同发展以及在促进教育公平、实现优质资源协调配置等方面面临的挑战。

表 2-1 2018 年京津冀义务教育阶段平均班额对比

地区	在校学生数（人）		班数（个）		平均班额（人）	
	小学	初中	小学	初中	小学	初中
北京	913216	278971	27280	9565	33.47	29.17
天津	673188	280205	18377	7220	36.63	38.81
河北	6588456	2831535	169979	55747	38.76	50.79

由此表可知，河北省 2018 年的平均班额无论小学还是初中均高于京津，尤其是初中的平均班额差距过大。由此可见，河北省小学班额处于正常范围，而初中平均班额近十年间一直处于偏大班额范围内，且远高于京津。上述情况说明河北省实现小班化教学之路任重道远。促进教育公平、提高教学质量成为现阶段的主要任务。国家重视解决义务教育"大班额"问题，并提升到教育强国、民族复兴的战略高度，在《关于深化教育教学改革全面提高义务教育质量的意见》（中共中央、国务院 2019 年 6 月印发）、《关于进一步完善城乡义务教育经费保障机制的通知》（国务院 2015 年 11 月印发）等文件中，明确提出要慎重稳妥撤并乡村学校，努力消除城镇学校"大班额"，保障适龄儿童就近入学，促进县域义务教育从基本均衡向优质均衡发展。[①]

合理的班级规模能够使得教师与学生、学生与学生之间接触与交往的机会增加，每个学生更有可能得到教师的个别辅导和帮助，每个学生有更多的积极

---

① 杨涵深，游振磊. 义务教育"大班额"：现状、问题与消减对策 [J]. 教育学术月刊，2019（12）：57-58.

参与机会。同时，有关研究表明，教小班的教师教学积极性高，精神面貌好，更喜欢与学生相处，有更多的备课时间，对教学工作更满意。班级规模直接影响着教学质量，小班化教学是基础教育发展的趋势，更有利于因材施教、培养个性，因此，在班级规模设置方面，河北省要积极地向北京和天津学习，争取早日实现小班额。

第三节　京津冀高等教育资源分布现状

京津冀三地高校教育资源的分布状况决定人才培养质量水平，三地高等教育协同创新发展必将会成为区域发展强有力的推动力，这是京津冀三地和教育研究学者亟待解决落实的重大问题。但是，传统政策与"特权"惯性以及无序的市场力量与不配套的政策等因素造成了京津冀地区极化发展，[①]京津冀区域极化会导致"强者恒强，弱者恒弱"的"虹吸效应"。教学资源的"虹吸效应"，就是在进行教学活动的过程中产生的教育龙卷风，在教育体运动的时候，产生的能量会对周边产生强力的吸引，可以影响到个人、城区甚至是国家。[②]一般来说，中心城市往往存在"虹吸效应"，即核心城市、中心城市、大城市、具有优势地位的城市，能够将周边城市、中小城市和小城镇的资源要素吸引过来。由于存在"虹吸效应"，大城市需要通过不断获取资源要素，从而发展成为区域中心城市、国家中心城市、国际中心城市。在这个过程中，中小城市、小城镇的资金、人口流走，优秀产业转移，因而小城市的发展面临巨大挑战，甚至衰败。由于地理位置和资源配置的原因，京津冀经济圈不像长三角经济圈和珠三角经济圈那样，核心城市为周边小城市带来了机遇和发展，相反，京津的发展对河北产生了"虹吸效应"，形成了环首都贫困带，好的资源和发展机会都被北京和天津吸走，河北处于京津冀发展链条的低端。京津冀高校分布差异造成教学资

---

① 韦文英.京津冀协同发展"马太效应"预警：问题、成因与建议[J].广西社会科学，2017（3）：64-68.

② 郑国萍，李潇潇.基于供给侧改革的京津冀教育协同发展运行机制研究[J].办公自动化，2020（6）：33-37.

源"虹吸效应"显著，高等教育结构布局不均导致质量差异大，引发教育不公。

一、京津冀高等教育数量与质量布局现状

优质且丰富的高等教育资源已成为京津冀地区最重要的优势之一。首先，从高等教育学校数量分布来看，据最新数据统计，截至 2019 年，京津冀共有普通高校 271 所，占全国普通高校数量的比重超过 10%。从高等教育资源空间整体的情况来看，高校呈"X"形集中分布，即以京津为一线，唐山、廊坊、保定、石家庄为一线交叉分布。这些区域拥有的高校数量占京津冀地区高校总数的 60% 以上，其中高校最为集中的地区是河北石家庄和北京海淀区，两地拥有高校数量位居前二，共 70 所，占京津冀地区高校总数的 26%。在一些位置边缘或发展落后的区域形成了高等教育的"稀薄区"，北京的门头沟区、平谷区、密云区、延庆区，天津的滨海新区、宁和县等地更是高等教育的"空白区"。

其次，从高等教育优质教育资源分布来看，河北省作为高等教育大省，在京津冀三个区域中拥有的高校数量最多，有 125 所高校；北京市作为首都，拥有 92 所高校，其中 24 所是教育部直属高校，34 所"双一流"建设高校；天津市拥有 56 所高校，其中 2 所是教育部直属高校，5 所"双一流"建设高校。据教育部最新公布的国家双一流大学名单：北京世界一流大学建设 8 所，世界一流学科建设 26 所；天津世界一流大学建设 2 所，世界一流学科建设 3 所；河北世界一流大学建设 0 所，世界一流学科建设大学 1 所。[①] 京津冀地区共有"985工程"重点建设高校北京 9 所、天津 2 所，占全国的 28%；有"211 工程"重点建设高校 34 所，其中北京 29 所、天津 4 所、河北 1 所。整体而言，虽然在京津冀地区内部教育资源的分布不是很均衡，但是其优质高等教育资源总量在全国教育质量中所占的比重远远超过了其经济总量在全国经济中所占的比重。

京津冀高等教育资源布局的非均衡性现象比较突出，由于现行京津冀三地缺乏科学合理的利益共享运作机制，北京、天津和河北地区高等院校间的研究生教育协同共建仍主要集中于本地区内，这势必加重北京、天津和河北之间的

---

① 武海英，王荣荣，孟悌清，等．京津冀区域高等教育教学资源一体化模式探究 [J]．河北北方学院学报（社会科学版），2020（1）：97-98.

教育行政地域分割现象，不利于区域高等教育一体化发展，进一步阻碍京津冀三地研究生教育协同和资源共享"大协同"的良性发展，加剧京津冀三地间研究生教育区域发展的不平衡，并且这一恶性循环有进一步加重的趋势。

在行政区划的行政配置上，河北低于北京和天津；在资源配置和行政协调的关系上，河北处于从属地位。京津冀区域一流高校分布的极化性使京津冀的教育资源"虹吸效应"显著，高校数量和优质高等教育资源分布呈现两极分化的状况，优质教育资源集聚北京地区，由于自身承载力有限，教育资源呈现饱和与外溢的状态，亟待有序疏解。①

二、京津冀高等教育层次类型布局现状

从三地高校教育发展层次来看，核心地区层次高，周围地区层次低，区域间落差大。本科高校主要集中在京津冀的核心地带即京津地区，共计97所，占本科高校总数的61%，其中北京市海淀区是京津冀地区本科高校最集中的区域，有26所本科学校；专科高校主要集中在河北，共计64所，占京津冀专科高校总数的56%，办学质量和教育层次都较低，河北石家庄是京津冀地区专科高校最集中的区域，有25所专科学校。

由此可见，从空间分布来看，京津冀核心地区的本科层次高校居多，周围地区专科层次高校居多，相对来说，河北省高等教育优质教育资源相对短缺。可见，区域间各种教育层次的高校空间分布不合理，各区域高校层次发展单一，形成区域性割裂式发展，京津地区主要是本科高校的聚集地，河北成为专科高校的聚集地。而事实上，京津冀区域一体化发展需要培养与区域产业结构相适应的各种层次类型的人才，这种现状容易造成人才资源地域分布不均衡、流动不灵活。

但是，对于不同区域的高校发展层次来说，如果简单地将教育资源进行搬迁移植也可能造成优质教育资源适应不良、学校优秀文化基因丢失。所以，京津冀三地在进行区域高校教育协同发展时必须保留文化、彰显特色、优势互补，

---

① 鲁静.京津冀高等教育协同发展的现状与未来 [J].黑龙江高教研究，2019（6）：16-19.

才能更快地提高高校教育发展层次，更好地实现区域教育协同发展。

三、京津冀高等教育入学机会现状

高等教育录取率是衡量一个国家高等教育规模和品质的指数，也是衡量一个国家或地区社会发展动力和民族进步速度的指针。京津冀教育资源的不平衡、高考政策的不公平是京津冀发展失衡的重要因素之一。关于京津冀三地高等教育入学机会现状可以根据教育部网站《关于做好 2020 年普通高等教育招生计划编制和管理工作的通知》中公布的高考人数和升学人数作一个比较，2020 年京津冀高考本科录取率差异明显，分别为 76.01%，72.79%，39.47%；京津冀高考一本录取率分别为 45.68%，30.50%，19.04%。[1] 高等教育结构布局的失衡直接导致三地高考录取率的巨大差异，造成了巨大的教育不公平。

能否上大学和能上什么大学在我国备受瞩目，高等教育入学机会公平一直是学界关注的焦点问题之一。尽管京津冀有较多高校且高等教育规模逐步扩大，但根据最新的高考录取率来看，区域之间依旧存在高等教育入学差距大、不公平的现状。当前我国高校招生采用的是"分省定额，划线录取"制度，试图维护弱势地区的受教育机会权利与公平，却因各种利益的博弈"演化为'两倾'，即倾斜的高考录取分数线与倾斜的招生名额投放"。京津冀三地现行入学机会依旧带有很强的"地域歧视"，一方面偏向拥有丰富优质教育资源的北京和天津两地，另一方面，忽视了人口众多、经济和教育相对京津地区较落后的河北省。[2] 如果这种现状一直存在将有失教育公平，河北省大部分学生民主需求和入学机会公平的诉求也会愈加强烈。高等教育入学机会差异不仅不利于京津冀区域高等教育进一步协同发展，实现优质教育资源互补；高质量人才的缺少也不利于河北省未来的建设和发展。

---

① 2020 高考各省本科录取上线率公布 [EB/OL].（2020-09-14）.https：//m.sohu. com/a/418363014_120171063.

② 靳培培，周倩.高等教育普及化阶段的入学机会公平：透视与提升 [J]. 河南师范大学学报（哲学社会科学版），2020（3）：145-146.

第四节　职业教育与产业结构协同现状

高等职业教育是我国高等教育与职业教育的重要组成部分，是我国建设现代职业教育体系的关键环节。经过多年来的发展和沉淀，兼具适用性和实用性的现代职业教育体系框架得以确立，其发达程度对于产业转型升级、产业结构调整起到至关重要的作用。近年来，受国际整个经济发展趋势影响，我国步入新的发展阶段，经济结构调整和产业升级优化成为新的工作重点，各个行业中的人才缺口不断加大，职业教育的重要性愈加凸显。需要注意的是，虽然经过多年的发展和沉淀，我国职业教育得到了突飞猛进的发展，但是高职高专的发达程度不仅取决于其办学规模的扩大，更取决于其专业结构是否合理，是否与经济结构、行业需求相协调。

京津冀职业教育协同发展将在服务产业人才需求、农民培训与扶贫开发、新城新区建设、促进教育和社会公平四个方面发挥重要功能。京津冀职业教育与产业结构协同发展有望惠及学生、农民和数以千计的企业，其主要任务是技术技能人才的联合培养培训，其终极目标应该是在 20 年以内形成一种较为均衡、发展综合指数接近和错位发展的区域职业教育发展格局。相对于基础教育和高等教育，职业教育在京津冀教育协同发展格局中可能是初期较容易较大范围实施的部分。就目前来看，京津冀三地职业教育存在教育资源分布不均、专业设置同质性现象突出且与当地产业结构和城市功能定位不相匹配等问题。

一、京津冀三地高职专业设置现状

京津冀共有高职院校 121 所。北京市是我国的政治和文化中心，教育资源丰富，高职院校共有 26 所。天津市共有高职院校 28 所，且大多数院校具有行业办学背景。河北省地域辽阔，高职院校数量最多，共有 67 所，占京津冀高职院校总数的 55.37%，占全国高职院校总数的 4.7%，全国排名第五。

近年来，京津冀高职院校数量不断增加，专业数随之不断增长，高等职业教育得到了蓬勃发展。但已有的关于京津冀三地高职专业设置现状的量化统计研究表明，京津冀各地专业设置重复率高，同质性现象突出。高职专业设置存在严重的"同构型"，不同院校的同类专业在专业定位和课程体系上趋同，千篇一律，高技能人才的培养缺乏自身特色和针对性。这些"专业同构"造成教育资源的严重浪费，加大了人才培养的成本，也大大加重了毕业生就业的压力。

首先，由于京津冀三地在历史基础、资源结构、社会文化、地方制度等决定经济行为的主要外生变量上存在较多的相似性，导致区域内产业结构趋同，规模经济不易形成，在一定程度上造成了行政区域间的市场分割，进而使得高职专业设置趋同、毕业生就业方向相近的现象存在，相关专业就业市场供大于求的现象明显，学生结构性就业矛盾和教育资源浪费的情况并存。

其次，有些院校并不具备相关专业优势，却盲目扎堆开设雷同专业。以北京市为例，26 所高职院校中，有 11 所院校开设"计算机网络技术"专业，12 所院校开设"会计"专业，专业重复率分别为 44% 和 48%，类似情况在天津市和河北省高职院校也存在。[①] 虽然专业的设置与当地社会经济发展密切相关，但专业雷同现象明显，专业集中度较高（见表 2-2）。

表 2-2 京津冀高职院校专业设置情况

地区	独立设置高职院校数量	开设专业	招生热门专业（前四名）
北京	26	177	财经、电子信息、制造、文教
天津	26	210	制造、电子信息、财经、交通
河北	58	368	财经、电子信息、制造、建筑

从三地高职院校专业设置实践中可以看出，京津冀各高职院校开设专业的近似性较高，覆盖面广，专业规模较小，导致热门专业相对集中且学生人数较多，而部分传统专业过于分散且生源萎缩现象严重。伴随京津冀一体化产业结构调整、优化升级，诸多新兴产业和紧缺型专业的开设数量不足，人才培养数量与质量跟不上市场需求，专业与产业的衔接不够紧密。[②] 这样不仅对区域社会经济发展造成一定的挑战，而且由于相同专业毕业的学生不断增加，在一定程度上加大了就业难度和就业质量。

---

① 侯国强，成起强，于文涛. 京津冀高职院校专业设置与区域产业结构的适应性分析 [J]. 当代职业教育，2020（4）：58-59.

② 柳礼奎. 京津冀高职院校专业建设策略研究——基于京津冀协同发展战略的分析 [J]. 天津商务职业学院学报，2017（4）：57-58.

二、京津冀职业教育专业设置与本地区产业结构的契合度

专业设置是否合理，直接关系到区域产业结构和地区经济的发展。专业设置必须契合产业结构转型升级和未来发展的基本方向，并能够适时根据产业发展趋势加以动态调整，才能使受教育者在生产过程中创造出超过自身价值的新价值，使得教育的生产性得以实现，为社会经济的健康发展提供保障。京津冀职业教育专业设置存在与本地区产业结构的契合度不高、与区域经济发展要求不相适应等问题。

推进京津冀三地职业教育协同发展，必须以就业为导向发展职业教育，同时与区域内人才市场需求紧密结合，着重培养适应市场需求的专门人才。根据 2019 年的《北京统计年鉴》《天津统计年鉴》《河北统计年鉴》整理统计数据（见表 2-3），2018 年北京、天津、河北地区生产总值与三次产业结构比较可以看出：当前，北京地区的经济发展以第三产业为主导，所占比例显著大于第二产业；天津地区第二产业和第三产业的发展相对均衡，且第二产业仍具备较大的发展规模；河北地区第一产业仍有一定的发展规模，二、三产业所占比例基本一致，第三产业发展相对京津地区较为落后，但具备较大的发展潜力。产业结构的差异导致市场需求的不同，京津冀区域内的大部分职业院校缺乏对市场需求的深入调研，一些社会急需的专业发展缓慢，专业设置普遍过于大众化，缺乏地区特色，招生计划也不符合区域内的就业市场需求，导致职业教育人才对接不足，无法更好地促进区域经济繁荣发展。

表 2-3 2018 年北京、天津、河北地区生产总值与三次产业结构比较

	类别	北京	天津	河北
经济发展水平	地区生产总值（亿元）	30320	18810	36010
	人均生产总值（万元）	62361	39506	23446
产业结构	第一产业增加值所占比例	0.4%	0.9%	9.3%
	第二产业增加值所占比例	18.6%	40.5%	44.5%
	第三产业增加值所占比例	81.0%	58.6%	46.2%

京津冀职业教育应服务于《京津冀协同发展规划纲要》中对京津冀城市"一圈、两核、三轴、四区、多节点"的功能定位。从近几年的京津冀职业教育招生专业目录来看，京津冀职业教育招生均以理工类专业为主，分别占其三地

招生总人数的 30%、70% 以上和 50% 以上。尤其是天津和河北出现了招生专业的严重重合，职业教育专业设置服务区域经济、社会发展的功能未能很好发挥，造成了京津冀招生专业中学生实习、实训资源投入的重复建设和学生就业的压力，未形成优势互补、错位发展的职业教育发展格局。依据教育部官网公布的京津冀三地各行业的高职毕业生比例、从业人员比例以及协调度可知，北京的协调度最高，天津次之，河北最低。北京各大高职院校几乎都开设财经类专业，而实际上，北京的制造业和交通运输、仓储、邮政行业劳动力缺口大。这一较高的专业重复率导致毕业生扎堆，与北京实际的经济结构和行业需求不相适应。[①] 此外，天津和北京情况类似，同样金融类专业较饱和，制造业劳动力缺口大。河北与北京、天津有一定的差别，虽然金融业依旧饱和，但是公共管理、社会保障和社会组织、教育等行业缺口大。

职业教育与区域经济、产业发展之间的联系松散，协调适应性差。一方面，某些重点振兴的产业，如汽车、装备制造、船舶和有色金属等，急需大批高素质、高技能的专门性人才，但与之对应的重点本科、高等职业院校的专业人才供给处于紧张状态，出现人才缺口。另一方面，某些"热门"专业开设重复率过高，短期内市场提供该类工作岗位有限，出现大学生"就业难"以及专业不对口等现象。

三、京津冀职业教育专业设置与城市功能定位适应度

《京津冀协同发展规划纲要》中将京津冀协同发展的空间格局规划为"一圈、两核、三轴、四区、多节点"。目前，京津冀职业教育服务"一圈"（环首都创新、创业与文化休闲旅游产业圈）、服务北京和天津"两核"、服务"三轴"（京唐秦发展轴、京津经济发展轴和京保石发展轴）、服务"四区"（创新发展区、临港产业发展区、现代产业发展区和生态涵养发展区）的作用不能很好发挥，主要表现是专业设置同城市功能定位不相适应。[②]

---

① 赖明. 关于健全京津冀三地职业教育协同合作机制的思考 [J]. 教育与职业，2017（16）：7-8.

② 孟繁华，劳凯声. 京津冀教育协同发展的挑战与应对 [N]. 中国教育报，2015-01-09（007）.

　　首先，河北农业的生产总值占到全省生产总值的 12％，远远高于北京的 0.7％ 和天津的 1.2％，是京津冀地区第一产业的核心区域。但是河北作为农业大省，至今在京津冀高职高专招生中，河北没有一所以农业为主的高职院校，河北省 67 所高职院校专业设置只涉及"农林牧渔"专业大类 51 个专业中的 7 个，有些专业甚至仅有 1 所院校开设。[①] 诸如："种子生产与经营""设施农业与装备""农业装备应用技术""动物防疫与检疫""水产养殖技术""海洋渔业技术"等与第一产业紧密相关的专业更是没有一所院校开设。

　　其次，天津在水上运输类、航空运输类专业和电子信息类专业的设置数量少、招生人数少，无法充分服务"两核"建设进程。目前，天津仅有两所高校围绕航空机电设备维修和安全保卫（航空保卫专门化）两个专业开展招生；汽车电子技术也仅有三所学校在招生，招生数量远远无法满足天津第二产业发展的需要；生物与化工大类共有生物技术类和化工技术类两大类，共计 13 个专业，但目前天津只有 6 个专业招生，招生的专业需要进一步完善。[②] 这些专业设置的空白直接导致产业用人需求不能就近得到满足，只能通过引入相邻省市毕业生进行解决。

　　整体而言，京津冀区域教育差异的基本结论是：区域内教育经费分配差距悬殊，调整义务教育阶段的经费差距成为首要任务；基础教育的区域内不均衡比区域间不均衡更为突出；普通本专科生城市规模适度，研究生和成人本专科生规模过度集中；区域内中等职业教育规模整体缩减，中职学校转型发展更为迫切；北京、天津服务周边教育的能力不足，河北仍需扩充师资队伍。

　　京津冀教育协同发展有着良好的历史基础，特别是近几年在实践推进方面，开展了一系列富有成效的探索与尝试。但是不可否认的是，目前京津冀地区的教育资源配置还存在着明显的问题，教育资源的布局呈现出非均衡性的特点。这主要体现在上述京津冀在教育财政经费支出、基础教育资源配置、高等教育资源配置以及职业教育与产业协同发展现状等方面，不合理的资源配置现状对

---

① 侯国强，成起强，于文涛.京津冀高职院校专业设置与区域产业结构的适应性分析 [J].当代职业教育，2020（4）：58-59.

② 刘爱玲，薛二勇.京津冀职业教育协同发展的政策研究 [J].北京师范大学学报（社会科学版），2017（2）：23-26.

京津冀区域内教育资源协同发展造成一定程度的阻碍。

从根本上分析京津冀区域教育资源配置协同发展现状，有助于我们认清现实，根据教育资源配置的现实情况进一步深入分析京津冀教育协同发展运行矛盾，紧紧抓住京津冀协同发展的历史机遇，从根部发力，提出符合京津冀教育协同发展趋势的优化策略，不断通过深化改革促进京津冀教育协同发展向纵深发展，特别是要处理好教育资源的区内优化与区域协同的关系。在当前格局下，落实和推进京津冀协同发展国家战略，最根本就是要以促进京津冀三地教育优质均衡发展为目标，在教育经费与资源配置基础均衡的基础上，实现教师、学生与学校发展等多层次的高位教育均衡。

第三章　京津冀教育协同发展运行矛盾

长期以来，行政壁垒与利益博弈导致的地方保护主义仍然是京津冀教育协同发展的主要障碍。作为区域中心城市，京津集聚了大量优质教育资源和公共服务，对周边地区产生明显的"虹吸效应"，但对外辐射力度不够，京津冀教育的不对称状态导致教育服务水平与质量差距较大。《国家中长期教育改革和发展规划纲要（2010—2020 年）》中指出："提供更加丰富的优质教育，把教育摆在优先发展的战略地位。教育优先发展主要体现为'三个优先'，即切实保证经济社会发展规划优先安排教育发展，财政资金优先保障教育投入，公共资源优先满足教育和人力资源开发需要。优质教育资源总量不断扩大，更好满足人民群众接受高质量教育的需求。"随着京津冀教育协同发展的不断深入，京津冀优质教育资源配置的非均衡性成为阻碍三地教育协同发展的一大因素。京津冀教育协同发展运行矛盾主要体现在：教育资源供需矛盾突出，教育协同制度和体制机制不健全，京津冀教育协同发展府际关系运行不畅，京津冀教育协同发展法治保障不健全等方面。

第一节　京津冀教育资源供需矛盾突出

教育资源是从事各级各类教育活动的条件和基础，是一个地区学校发展的重要前提，也是衡量该地区学校发展水平的主要标准。京津冀教育协同发展中教育资源配置不均衡的现状，归根结底是京津冀三地教育资源在数量、质量和结构方面的供给与需求不相适应，从而出现供需矛盾。京津冀地区教育资源配置严重不均衡主要是由于优质教育资源供给不足，从而使得政府对三地教育资源配置上出现一定的倾斜，优质教育资源共建共享不充分，还处于探索阶段。京津冀三地共建共享优质教育资源不仅是提升区域整体教育质量的途径，还是促进三地教育协同发展的重要内容，亟须通过解决三地优质教育资源供需矛盾问题，促进优质教育资源均衡和协同发展。

一、优质教育资源供给不足

优质教育资源是指对教育教学能起到提升和促进作用的教育资源。在京津冀协调发展的进程中，优质教育资源供给不足无疑是三地教育发展的绊脚石。河北的教育资源在三地教育发展中本就处于相对劣势的地位，但由于京津地区内部分配也不均衡，优质教育资源不足，无法供给河北，故无法形成京津冀教育资源均衡的局面。

第一，从京津冀区域教育发展的基本情况来看，优质教育资源在三地的分布显著不均衡。教师的素质和质量是影响教育质量的关键，从前文有关教师的受教育程度的数据对比看出，京津冀三地教师的学历水平差距较大，教师质量和素质差异必然导致教育质量差异。整体来看，京、津教育发展水平在全国位居前列，而河北省则处于中下游水平，部分指数仅为北京市的1/4甚至1/5。在基础教育领域，京、津已先于全国大多数省份基本实现教育现代化，涌现出一大批全国较为出名的优质幼儿园、小学与中学。相较而言，河北省则鲜有能够在全国叫得出的优质特色学校。在高等教育领域，京津可谓名校云集，河北省则是以地方高校为主的高等教育规模大省，而非高等教育质量强省。河北的教育资源在三地教育发展中本就处于相对劣势的地位，亟须供给优质教育资源。

第二，从京津地区内部教育发展情况来看，区域内教育资源分配也存在不均，致使优质教育资源不足。以北京为例，北京历年高考文理科最高分所属中学的分布统计数据如下：人大附中（海淀区）1999—2008年上榜4次，2009—2019年上榜8次，总计12次，排名第一；北京四中（西城区）1999—2008年上榜2次，2009—2019年上榜3次，总计5次，排名第二；北师大二附（西城区）1999—2008年上榜2次，2009—2019年上榜3次，总计5次，排名第二；北京二中（东城区）1999—2008年上榜1次，2009—2019年上榜2次，总计3次，排名第三；101中学（海淀区）1999—2008年上榜2次，2009—2019年上榜1次，总计 3 次，排名第三；北京八十中（朝阳区）1999—2008 年上榜 3 次，2009—2019 年上榜 0 次，总计 3 次，排名第三。由该数据可知，北京的 16 个市辖区、2 个县中只有海淀区、西城区、东城区、朝阳区上榜，由此可见，该地区内部优质教育资源存在着明显的不平衡。以高中数量最多、中学实力水平突出的海淀区为例，海淀区重点高中数量比较多，例如人大附中、十一学校、101 中学、清华附中、北大附中等。该区拥有中国顶尖大学：清华大学与北京大学；社科经济类全国强校：中国人民大学；邮电类牛校：北京邮电大学；师范类高校：北京师范大学；航空航天类强校：北京航空航天大学；外语类强校：北京外国语大学；中国脑库：中国科学院大学，等等。这些高校同时也为海淀区重点中学提供了无与伦比的良好生源，为各个中学提供了良好的师资力量。

天津市内六区地缘相邻，是天津市经济文化发展的核心区域，因此，可以从市内六区来整体认识该市教育均衡化发展。此处，笔者以六区的基础教育为切入点，增加对该市教育均衡化的认识。天津市内六区基础教育水平可分为四个层次。[①] 和平区和河西区由于地理位置以及历史因素因而属于传统优质学区，故位于最高层次；南开区虽比传统的两优质学区弱，但由于南开、天大、医科大等高等学府以及天津中学、南开中学的存在，也使该地区教育处于第二层次；河东区和河北区传统教育资源支撑、现代学术资源依托，学校总量多，生源充足，可以处于第三个层次；红桥区在工业、商业发展处于天津市区的末端，经济发展相对落后，且优质中学的数量少，质量堪忧，故处于最后一个层次。京津地区内部教育资源分配不均，致使优质教育资源不足，其供给河北的优质教育资源有限，故无法形成京津冀教育资源均衡的局面。

二、优质教育资源共建共享不充分

在现代信息社会，通过"互联网＋教育"，推动线上线下教育教学一体化，能高效便捷地实现优质教育资源共建共享，促进教育公平。信息不畅导致的优质教育资源共建共享不足，严重阻碍了优质教育资源与服务的共享渠道与途径。

---

① 李晨铭 . 天津市内六区基础教育均衡化问题研究 [D]. 天津：天津商业大学，2017：21-22.

第一，区域信息化的空间差异导致信息不畅、优质教育资源共享不足。京津冀地处环渤海区域的核心，其信息化发展水平差异较大，这种区域信息化的空间差异直接影响着"两市一省"的协作发展。当今京津冀义务教育阶段建立校园网的学校，京津城乡已超过 90%，而河北仅为 30%～60%。区域信息化的空间差异是客观存在的，其空间差异的变化反映了区域信息化利益格局的变异。

目前，从空间角度探讨京津冀区域信息化差异问题的研究尚处于初始阶段，国内学者普遍认为，信息化具有导致优质教育资源共建共享不充分的效能。"两市一省"三地间的信息化水平差异程度非常显著，已经形成了比较大的空间差异。从京津冀信息化发展程度与经济发展水平对比而言，彼此间的信息化水平差异与经济发展程度具有较大的相似度，但也存在着一定的差异。主要原因是信息基础设施建设、信息资源开发等硬件投入上存在较大的差距，同时，文化资源、人才素质及信息资源开发力度等软件要素也是十分重要的影响因素。京津冀区域信息化的空间差异略低于经济发展的空间差异，即区域信息化的集聚程度低于区域经济的集聚程度，区域信息化的空间不平衡性低于经济发展的不平衡性。对于这种空间上的不平衡，若不采取相应措施，京津冀信息化的空间差异将进一步扩大。

第二，三地教育协同发展中尚未建立良好的共建共享平台与机制。首先，国家层面尚未成立跨区域教育合作协调共享平台。在其他国家的教育协同发展推进进程中，美国有"常青藤盟校"、英国有罗素大学集团、欧洲大学有"博洛尼亚"协同发展战略等运行模式，组建分领域的教育界联盟。欧美国家教育共建共享不仅仅是在本科高校方面联盟，还包括普通高中、中职教育、高职教育、应用型本科教育、研究生教育等方面，教育界联盟成员应是学校或教育机构法人。但在中国，以高等教育为例，尽管京津冀区域已经组建了一些高校联盟，如北京工业大学、天津工业大学、河北工业大学组建的联盟；北京建筑大学、天津城建大学、河北建筑工程学院组建的联盟等。[1] 这些联盟的成立为京津冀区域高等教育深入合作、资源共建共享创造了良好的条件。但是在联盟建设中存

---

[1] 李旭.京津冀区域高校联盟建设的现状、困境与对策 [J].高等教育研究，2018（6）：46-54.

在形式大于内容的问题，具体表现为高校间虽签订了联盟框架协议，但实际发展却停留在虚化阶段。跨区域合作普遍以召开研讨会、协商会、相关负责人互访交流等方式展开，未深入到教学科研等微观实践层面。此外，在成员类型上，联盟中的高校理工类偏多，而文科类及综合类大学偏少，结盟类型单一。同时，这些联盟以普通高校为主，基本没有涉及成人教育、社区教育、继续教育等其他教育领域。

总而言之，当前通过三地政府主导、教育主体自发组织等形式，已实现了一些资源共建共享与交流活动，但因三地的管理体制、合作机制及基础资源不配套等原因，京津冀教育协同仅停留在初级阶段，合作机制与发展路径尚不明确。

第二节　京津冀教育协同制度和体制机制不健全

整体而言，京津冀教育协同发展既缺乏顶层的战略规划，也没有成立专门机构负责教育资源的整体运作。国家层面的推动力不足、各地行政壁垒仍然存在、社会经济发展各自为政是影响区域协调发展的重要原因之一。

目前三省市教育协同制度和机制不健全，创新资源不平衡，区域科技创新分工尚未形成，科技资源共享不足，创新链与产业链对接融合不充分，区域协同创新能力受到严重制约。比较而言，河北省在创新能力方面更存在着"研发投入少、转化能力低、创新主体少、创新人才缺"四大短板。为此，亟待整合京津冀区域创新资源，完善协同创新合作机制，加强高层次创新人才培养与交流，打造协同创新利益共同体，为区域创新驱动发展提供有力支撑。京津冀教育协同制度和体制机制不健全具体表现在：教育协同制度建设缺失、人才培养体制机制与需求不相适应、教育协同联动合作机制不健全等方面。

一、京津冀教育协同制度建设缺失

当前京津冀教育协同发展的最大障碍是"分离"，这种分离不是地理上的，而是制度上的，包括政策、生源以及其他教育资源等都是分割的。当前，京津冀教育合作制度严重缺失，已有的制度建构缺乏必要的规范性和系统性，合作制度的法治化程度有待提高。具体表现在以下方面：

第一，必需的合作制度严重缺失。教育协同所必需的制度构成，如教育协同组织协调制度、教育协同司法审查制度、教育协同法律保障制度、教育协同行政问责制度等尚未建构。

第二，当下的教育协同仍然处于浅层次、松散状的合作状态，已经建构的合作制度较为零散，且不完善，系统性与规范性有待增强，远未能满足府际合作的实际需要，亟待推进深层次制度化合作。比如，京津冀干部教师队伍交流尚需进一步制度化、规范化。目前，京津冀教育系统干部教师队伍交流的制度和机制尚不够健全，多数交流只处于起步阶段，需要尽快完善，不同类型学校、不同地区之间的交流也不平衡。有些单位和个人对干部教师交流的意义和重要性认识不到位，部分接收单位没有给交流干部真正分工，有些交流干部没有充分发挥作用，推进双方的交流合作，使得交流工作浮于表面、流于形式。

第三，教育协同制度法治化程度不高。已经建构的各种教育协同政策文件呈现出临时性、随意性、应对式等特点，制度化程度不高，难以为府际合作提供必要的制度支持，法治化程度亟待加强。我国《立法法》第八十二条规定："部门规章之间、部门规章与地方政府规章之间具有同等效力，在各自的权限范围内施行。"也就是说，中央部门与地方政府制定的规章具有同等的法律地位。规范京津冀教育协同的法律法规仍然较为缺乏，京津冀教育协同主要依据的是政策而非经历了严格程序要求的权威立法，协同制度法治化程度较低，随意性和临时性较为明显。现有的制度安排往往为解决某一特定问题而设，同时教育协同较大程度上仍然受领导意志的左右，规范性和程序性较弱，领导的更迭及领导意志的改变常常直接导致协同的波动和变化，不利于协同的可持续发展。这种应对式的制度安排固然稳妥省事，但却失去了必要的系统性、前瞻性与科学性。要深入推进京津冀教育协同，保证协同的规范性与可持续性，这一现状必须得到改变。

二、京津冀教育协同人才培养体制机制与需求不相适应

京津冀地区集中了大批高校、科研机构以及企业创新中心，是我国创新资源最密集的区域之一。三地协同打造区域协同创新体具有得天独厚的条件，完

全有条件通过区域协同在创新驱动发展方面走在全国前列，但区域协同创新是一种跨地区、跨组织、跨文化的复杂合作创新活动，是涉及产品创新、技术创新、管理创新、制度创新等多方面、多层次相互支持、联动创新的有机整体。由于对京津冀三地人才培养与需求缺乏总体的认识，从而造成三地人才培养上存在偏差，不利于三地优质教育的协调发展。

第一，从发展定位来看，京津冀三地各具特点，各有优势。京津冀处于资源十分丰富的地区，它的协同发展不仅打破了彼此的行政边界，更意味着在城市群中实现了资源共享，并在产业发展方面起到了相互支持与补充的作用。而有了"协同发展"和"资源共享"的前提，三个省市各自的发展定位，就显得更加清晰且有意义。

首先，北京是全国的政治、文化与国际交往中心，在教育、科技、文化等领域有巨大优势。2008年，北京成功举办了一届有特色、高水平的奥运会，城市的国际形象和国际影响力显著提升，为成为国际大都市奠定了基础。2011年，北京市提出将以更高的标准实施人文北京、科技北京、绿色北京战略，推动建设中国特色世界城市迈出坚实步伐。建设中国特色世界城市需要以更开放、更包容的战略眼光谋划未来发展，同时，北京的繁荣也必须依赖于周边腹地的繁荣，这为京津冀区域协调发展策略的制定奠定了基础。2014年，首都城市战略定位为，坚持和强化首都全国政治中心、文化中心、国际交往中心、科技创新中心的核心功能，深入实施人文北京、科技北京、绿色北京战略，努力把北京建设成国际一流的和谐宜居之都。"四个中心"的定位突出了北京在全国的地位，突出了首都的内涵，进一步明确了工作中哪些地方要有所作为，哪些地方应有所不为，强调打破自家"一亩三分地"的思维定式，推进协同发展。

其次，天津是我国北方的工业基地和港口城市。天津是中国北方最大的港口城市、国家物流枢纽、全国先进制造研发基地、北方国际航运核心区、金融创新运营示范区、改革开放先行区、首批沿海开放城市，是中蒙俄经济走廊主要节点、海上丝绸之路的战略支点、"一带一路"交汇点、亚欧大陆桥最近的东部起点，位于海河五大支流南运河、子牙河、大清河、永定河、北运河的汇合处和入海口，素有"九河下梢""河海要冲"之称。近年来，《天津市空间发展战略》提出"双城双港、相向拓展、一轴两带、南北生态"的城市规划理念。天津将开发滨海新区列为国家战略布局的重要构成部分，力图改变我国经济"南快北慢"的不平衡局面；同时，借助滨海新区的开发开放，将天津逐步建设成经济繁荣、社会文明、科技发达、设施完善、环境优美的国际港口城市、北方经济中心和生态城市。

最后，河北毗邻北京、天津，具有得天独厚的区位优势，既是北京的广阔腹地，也是东北地区与关内各省区联系的通道，还是山西、内蒙古和广大西北地区通往天津港的必经之路。未来，河北将努力构筑环首都经济圈，壮大沿海经济隆起带，打造冀中南经济区，着力改善生态环境，提高创新能力，加快科学发展、富民强省进程。在京津冀整体定位中，河北省的发展被定位于"全国现代商贸物流重要基地、产业转型升级试验区、新型城镇化与城乡统筹示范区、京津冀生态环境支撑区"。河北需要承接北京外迁企业，发展战略性新兴产业，加快对沿海地区的开发。

第二，根据各省市不同战略定位，从人口素质来看，京津冀人才需求各有差异。

北京打造技术创新聚集地，天津要形成高水平的现代化制造业的研发转化基地，河北要建设重点产业技术研发基地。2020年，北京市技能人才总需求量达到400万人以上，其中高技能人才需求量为120万人左右。北京现有的技能人才中，近40万人为高级工，大部分是初级工和中级工；技师和高级技师总量为9.9万人，不到技能人才总数的5%。

从目前的情况来看，现代制造业、现代服务业等多个行业仍存在很大缺口。天津地区现有技术工人只占全部工人的1/3左右，而且多数是初级工，技师和高级技师仅占4%；有40%以上的技师、高级技师年龄超过46岁，人才断档问题比较突出，年轻高技能人才严重短缺。据相关研究，京津两地尽管拥有明显的人才优势，却在"消耗人才资源能值""消耗专业技术人才能值"两个指数上明显偏低。这一方面表明京津两地存在明显的人才资源浪费现象，另一方面，也为河北省进一步利用京津人才资源提供了较大空间。总的来说，京津冀既是环渤海区域的重心，也是东北亚区域协作的主要区域，地理位置十分重要；不论政治环境、经济水平、地理环境，还是人口条件，都将与教育产生密切的联系；区域教育资源只有根据上述因素的发展需求进行合理配置，才能充分发挥其优势带动作用。

以职业教育为例，京津冀职业教育应服务于《京津冀协同发展规划纲要》中对京津冀城市"一圈、二核、三轴、四区、多节点"的功能定位。[①] 由近几年京津冀三地职业教育类专业招生目录来看，该区域职业教育类专业招生均以理工科为主，且河北与天津存在招生专业设置重合的问题。同时，学科专业结构与区域产业结构不相适应，与相关产业合作不够，既不能服务地方经济，又造成学生就业压力，没有形成优势互补、错位发展的职业教育发展格局。

三、京津冀教育协同联动合作机制不健全

京津冀已建立了一些教育协同组织，实现了一些教育资源的共享与交流。但是，从《京津冀教育协同发展行动计划（2018—2020年）》等政策文件可知，京津冀教育联动合作协调机制、管理体制与府际合作机制等方面尚不完善。

第一，京津冀三地尚未建立起高层次的联动合作协调机制。首先，"分灶吃饭"的财税体制使各地均根据自身的需求寻找合作，无法形成信息资源共享、教学优势互补、教学协调发展的合作模式。[②] 以职业教育为例，由于三地政策背景与教育定位不同，各自的教育发展诉求也不同，且三地的资源状况相差大，故原本的"合作"在一定程度上就变为了"帮扶"，而非"共赢"。此外，职业教育类学校的经费大多来自所属地财政，如果合作变为单向的"帮扶"，那么对于发达地区的职业学校而言是不公平的。以上均为教育协同联动合作机制不健全所造成的结果。其次，由于中央政府的调控能力有限，未能从更高层面加强地方性政绩考核机制的创新。故在教育方面，京津冀三地很难实现有效的协同合作。当前，即使政府间实行的是"强-弱"联合模式，比"强-强"联合模式稳固，但也会产生新的问题，即府际合作的差距会拉大。因为地方政府的"经济人"的特性，在这种缺乏利益补偿和利益保障的情况下，处于弱势或者说是利益受损的地方政府就会主动回避或撤出合作而导致地方政府合作失败。显

---

① 郑国萍，陈国华.京津冀教育协同发展供需矛盾及应对策略[J].河北师范大学学报（教育科学版），2017（4）：96-97.

② 李军凯，刘振东.京津冀教育协同发展的现状、问题与对策[J].北京教育（高教），2018（3）：22-25.

然，补偿制度的缺乏将导致府际合作机制缺场。

第二，京津冀教育协同的管理体制尚不明晰。目前中央和区域各层级教育行政部门的责任结构与合作方式尚未完全厘清，京津冀教育协同缺乏统一的领导协调机构，致使各方的优势、特点和需求等出现重叠和冲突现象，管理体制尚需进一步明晰。由于京津冀特殊的区位环境以及协同管理体制不明确，使得三地高层领导在发展中也曾"隔空喊话"，但却不能在实际合作当中取得实际性进展，京津冀难以形成发展合力，京津自有的经济计划和制度计划仍在不断加强，天津与北京在产业结构分层、金融等领域的纷争不断。在中央层面，中央政府在京津冀合作问题方面没有作好顶层设计；在地方政府层面，地方政府对合作缺乏自主性；在整体上，京津冀发展应由政府主导自上而下地推动，但由于中央和地方两方面的原因，导致京津冀区域的协调发展的局面难以形成。

第三，京津冀教育府际合作机制尚待完善。京津冀教育协同主要靠三地教育行政部门之间进行协同合作，目前尚未构建具有权威性和执行力的上一级协调机制，没有形成区域协调治理机制，且缺乏长效保障机制。各类教育合作和协同联盟的主旨是推动三地教育水平协同发展，努力实现区域协调与三地教育资源共享。建立平衡不同地区的区域协调与教育资源共享机制是三地教育协同发展的关键。从京津冀区域长期发展历程看，京津冀府际关系整合的制约因素中最重要的则是缺乏区域统一的领导机构，没有形成区域协调治理机制。尽管京津冀一体化提出于20世纪90年代，但至今仍未形成统一的京津冀区域总体规划，经济发展水平的差异、行政级别的不对等都为京津冀区域总体规划制造了障碍。

第三节　京津冀教育协同发展府际关系运行不畅

府际关系即国内政府间关系，其中"府"是指政府，包括立法机关、行政机关、司法机关等国家政权机关等。政府间关系包括中央政府与地方政府之间、地方政府之间、政府部门之间、各地区政府之间的关系。府际关系是在垂直、平行和斜向上形成的多层次、多维度的府际关系网络，体现了各级政府在纵向、横向、斜向多维向度上形成的纵横交叉的复杂政府关系形态。京津冀教育协同发展中，三地教育行政主管部门间包含着多种府际关系形态，从"向度说"角度可以分为纵向、横向、斜向三种类型。京津冀教育协同发展中的教育行政部门在各向度均存在一定的现实困境。

近年来，京津冀三地在促进教育协同发展方面开展了许多工作，取得了一定成效。但是工作推进呈现出"高关注、低共识""有片段、无整章""重发展、轻改革""高呼声、低动力"的特点。[①] 在京津冀教育协同发展中，府际关系充斥着各种冲突与竞争、府际合作费用无人分担、府际合作利益竞相争夺、权力碎片化、缺乏统一的行政领导体系、条块分割主义严重、导致合作困难等问题。

一、京津冀纵向府际的教育政策执行梗阻

纵向府际关系是指上下级隶属的政府之间的关系，是管理不同空间尺度的行政单元的政府体系间的上下关系，主要包括中央政府与地方政府之间、地方上下级政府之间的关系。[②] 博弈论视角下的府际关系，既包括中央政府与地方政府之间的关系，也包括地方政府相互之间的关系。就中央政府与地方政府之间的博弈来说，其三个要素分别为：一是作为参与人的中央政府和地方政府，二是可供中央政府和地方政府选择的方法和做法，三是中央政府和地方政府在各种对局下得到或期望得到的效用水平（即赢利或者得益）。京津冀教育协同的纵向府际关系主要包括中央教育行政部门与京津冀三地教育行政部门之间的关系。

在政府主导的指导思想下，颁布实施了一系列的京津冀协同发展的相关政策，如：《京津冀协同发展规划纲要》《中华人民共和国国民经济和社会发展第十三个五年规划纲要》《"十三五"时期京津冀教育协同发展专项工作计划》《京津冀教育对口帮扶项目》《推进京津冀教育协同发展备忘录》《京津冀教育协同发展行动计划（2018—2020 年）》等。这种自上而下的协同模式呈现"高呼声、低动力""政府热、学校冷"的局面，政府这头很热，学校自身可能没有任何积

---

① 方中雄. 京津冀教育发展研究报告（2017—2018)[M]. 北京：社会科学文献出版社，2018：14.

② 李杰. "一带一路"视域下地方政府间竞合关系分析 [J]. 改革与开放，2017（8）：5-6.

极性，导致政府部门在推动学校与学校之间的合作，包括跨区域之间的学校合作并不积极，很多合作都停留在表面上，仅仅是完成一个行政任务，没有落地。京津冀教育协同发展的纵向府际关系存在权力碎片化、缺乏统一的行政领导体系等一系列梗阻问题，主要表现为两个方面：

第一，二元结构导致政策认知的梗阻。当前京津冀乃至所有地区推进教育均衡过程中一对最大的矛盾是政府推动和学校自主。京津冀教育协同主要是政府主导的自上而下的协同模式，居于优越地位和主导地位的中央政府及其教育行政部门是政策制定者，居于执行目标和从属地位的京津冀各级教育行政部门是政策执行者。由于中央与京津冀地方教育行政部门的行政区划级别差异，在教育协同的政策制定、体制机制建设、信息系统构建等方面存在二元结构局面，导致上下级之间缺乏足够有效的沟通与协调，资源和信息无法在上下机构、部门之间有效流通，形成一个在体系和结构上相对封闭的孤岛现象。

所谓孤岛现象，就是由于机构、部门、组织之间在政策的制定、法规的颁布和信息系统的建设等方面缺乏有效的沟通与协调，从而在制度、体制、信息系统建设等层面产生较为明显的二元结构，信息和资源无法在机构、部门、组织间进行有效的流通，从而形成了一个相对封闭的体系和结构的现象，包括信息孤岛、政策孤岛、功能孤岛、资源孤岛、制度孤岛、决策孤岛、文化孤岛等。[①] 当前，京津冀教育协同发展中的纵向府际关系处于孤岛现象之中。条块分割导致的孤岛现象、信息寻租导致的信息孤岛现象、认知偏差导致的孤岛现象加剧了京津冀府际关系孤岛现象的形成。地方教育行政部门对京津冀教育政策的内容缺乏系统理解，对利益分配缺乏高度认同，从而导致政策认知梗阻，进而对合作缺乏自主性，导致影响京津冀区域教育协同发展局面的真正形成。

第二，职责同构导致政策落实的梗阻。职责同构是指在政府间关系中，不同层级的政府在纵向间职能、职责和机构设置上的高度统一、一致，[②] 包括政府组织在纵向机构和横向功能上形成的从中央到地方协调统一的行政序列。在

---

① 曾凡军. 基于整体性治理的政府组织协调机制研究 [D]. 武汉：武汉大学，2010：15.

② 朱光磊，张志红. "职责同构"批判 [J]. 北京大学学报（哲学社会科学版），2005（1）：101-112.

"统一领导，分级管理"思想的指导下形成上下级隶属的差异化设置和管理。在京津冀府际关系中则具体表现为京津冀三地由于行政级别不同而不得不形成的组织机构的差异化设置和差异化管理，而区域间本应平等协商和共同执行的事务则演化成上下级隶属关系，伴随这种职能、职责同构模式而来的是政府机构上下对口、权利和责任上下不对等；京津冀政府组织中的上下级隶属关系约束着政府组织中横向的协调和合作。京津冀地方保护主义、产业发展同质化现象严重。职责同构和机构同构使得京津冀政府组织上下政策简单复制，机构对应、政策对应，不能充分发挥当地自身优势，不能对自身城市功能进行精准定位，以实现错位发展，造成资源浪费。政府组织间关系的不平衡和职责同构均是区域组织间协调发展的隐患，忽视了对地方政府的职能重塑与制约，忽视了地方政府间合作与竞争对公共利益的背离。

在京津冀教育府际关系中，职责同构和机构同构致使在政策落实中出现梗阻表征：一是，政策落实的机械化。在政策落实上，由于机构对应、政策对应，京津冀地方教育行政部门组织对政策存在简单复制现象，不能因地制宜，缺少灵活性，从而致使政策与地方教育发展不匹配，不能充分发挥当地自身优势以实现错位发展，导致教育发展同质化，造成资源浪费，在职业教育、高等教育等领域尤为明显。二是，政策落实的敷衍化。地方教育行政部门出于自身利益考虑，在政策落实过程中会出现敷衍、虚假和选择性执行，致使某些合作仅停留于表层，无法落地。由此，京津冀教育协同产生政府推动和学校自主之间的矛盾，呈现"高呼声、低动力"的局面，使政策执行不到位和不彻底。

第三，信任危机影响政府公信力。我国自上而下的政策执行模式导致政府间缺乏理解、信任、对话、互动。多元行政主体受制于科层制窠臼而难以建构合作机制，行政层级的位势差导致了中央及部委、地方政府及地方部门之间信任度较低。京津冀三地政府间组织内部的信任危机主要表现在政府之间互相不信任，主要是政府之间协调不畅以及政府组织绩效不彰、激励机制缺乏导致的信任危机。京津冀政府组织和公民之间的信任危机则是政府组织和公民之间回应性差导致的信任危机。行政级别不对等，优惠和扶持政策倾斜力度的差异，森严的等级制度和条块分割，加之京津冀三地本身存在的发展不平等的现状加剧了京津冀三地政府的信任危机，形成作为既得利益者的北京和天津消极对接河北,但河北积极主动对接京津的态势,长久下来,导致了河北对于京津的信任危机。此外,京津冀三地长期由条块分割和行政壁垒形成的封闭僵化的体制严重阻碍了京津冀三地的人才流动,三地就业、医疗和受教育权等方面表现出来的不平等、政府回应性差、运行效率低下等使得公民对于京津冀三地政府组织产生信任危机,信任危机的产生严重影响着京津冀政府公信力,造成当前京津冀三地政府公信力缺失的不良局面。

二、京津冀横向府际的教育协同低效

横向府际关系是指同级政府之间的关系,主要包括同区域的各个同级别的政府之间、不同区域的各个同级别政府之间的关系。[1] 京津冀教育协同的横向府际关系主要指京津冀三地教育行政部门之间的协同关系。由于地方政府始终存在"理性经济人"特性,京津冀教育协同中的横向府际关系也是一个寻求利益均衡的过程,呈现动态博弈的演变过程。博弈论视角下的府际关系,也包括地方政府相互之间的关系。在博弈中,如果各自从自己的利益出发,就会陷入"囚徒困境"。在教育协同过程中,处于利益受损方的地方教育行政部门会采取回避的方式使协同趋于形式或失败,致使府际的博弈陷入"囚徒困境",从而出现协同低效率的局面,主要表现为:

第一,京津冀跨地区教育服务供给低效。随着京津冀区域功能调整和产业迁移,教育协同发展要完成支撑和服务非首都功能疏解的重要任务,要加快解决京津冀三地教育配套建设和教育资源等方面的平衡问题。京津冀教育协同发展的最大障碍是供给侧提供的教育资源和服务与需求侧的教育需求在数量、质量和结构上不相匹配,出现严重的供需关系矛盾。[2] 财政经费来源的不同导致资源差距。受经济发展水平的制约,京津冀三地教育资源配置水平在区域间和区域内部均存在显著差异,教育协同发展支撑和服务非首都功能疏解的形势严峻。《京津冀教育发展研究报告(2018—2019)》指出,河北地

---

[1] 张文江. 府际关系的理顺与跨域治理的实现 [J]. 云南社会科学,2011(3):10-13.

[2] 郑国萍,陈国华. 京津冀教育协同发展供需矛盾及应对策略 [J]. 河北师范大学学报(教育科学版),2017(4):95-100.

区教育的发展仍然面临较大的困难，其教育经费与北京、天津的差距仍在不断扩大。

第二，京津冀跨区域教育行政部门组织协调低效。京津冀教育协同涉及跨区域的教育行政部门组织之间的协调。当今，虽然三地建立了各种协同组织和联盟，但由于多种因素共同作用，京津冀跨区域教育行政部门组织之间的协调合作呈现明显的低效问题。其一，由于地方保护主义影响，地方教育行政部门会因为追求利益最大化而形成运行中权力的碎片化，以及服务功能的裂解性，致使某些协作交流工作呈现单一化、表面化现象，未能进入深层次的人才培养等实质性战略协同阶段。其二，由于京津冀教育协同缺乏顶层设计、制度体制机制等尚不完善、协同组织机构不健全以及交流合作技术平台水平低下等因素，造成协同中信息交流不畅与信息资源不对称。协同中对于教育的结构布局和发展路径等缺乏统一规划，处于无序化状态，无法惠及京津冀广大的各级各类教育主体，缺乏协同的可持续性发展。

第三，缺乏规范化的合作协同制度与机制，导致协同低效率。当前京津冀教育协同低效率表现为：一方面是制度尚不规范，协同机制尚不完善，信息交流机制缺失。另一方面是协同组织机构不健全形成的显性协同低效率等。比如：政府组织协调低效率是指客观由技术导致的低效率和主观人为导致的配置性低效率。客观性协调低效率主要包括技术水平低下，信息、资源不能在政府组织间自由地流动，以及政府组织协调能力低下等；而主观人为导致的配置性低效率则表现为观念制约下主观导致的信息交流不畅而形成的低效率以及由于缺乏激励机制形成的主观惰性滋生，从而人为地导致信息不对称的形成、资源配置效率低下。

三、京津冀斜向府际的教育合作乏力

京津冀教育府际关系协调，单纯的横向角度考量已经越来越失去现实的意义。条块管理模式只能静态单一地分析，难以全面整合或者进行动态的管理协调，这就无法应对多元交叉的网络型府际关系。简而言之，从纵横向对府际关系作出条块划分已难以全面涵盖府际关系的现实，当前的京津冀教育协同进入关键阶段，呈现多元化纵横交错的网络状形态，需要关注基于斜向视角的京津冀教育协同中互不统辖的不同层级之间的府际关系。

斜向府际关系不存在行政领导关系，也缺乏适当的法律规范，处理的复杂程度远远超过纵横向府际关系。斜向府际关系的普适价值在于政府与社会组织合作时，必然要打破行政级别的束缚，从而以法律或者行政契约的方式来保障合作及共治的顺利进行。

京津冀教育协同发展的斜向府际关系主要包括京津冀各教育行政部门与非本区域的下一级地方教育行政部门之间的关系、互不隶属的京津冀地方下一级教育行政部门之间的关系等。可以分为以下几类：一是上级政府的各部门与下级政府之间的关系，主要指国务院的教育部与京津冀政府之间的关系；二是同级政府的各部门与其他同级政府之间的关系，如京津冀的教育部门与京津冀地方政府之间的关系；三是互不隶属的京津冀教育部门间的关系。目前京津冀教育斜向府际关系协同乏力主要表现在：

第一，斜向府际合作定位不清。斜向府际关系通过打破或超越行政级别的束缚，寻找共同利益的契合点，并以行政契约或者法律的方式达成共识，形成和谐共处乃至共治的局面，以达成软治理的共赢目标。京津冀各级教育行政部门签订了各级各类教育合作协议好几十项，但合作缺乏中央政府的参与和指导，定位也尚不清晰，忽略了各自教育的转型发展和战略定位，未寻找到共同利益的根本契合点，京津冀协同发展演变为帮扶式发展，忽略自身教育的优势和特色。尤其是京津冀职业教育布局调整与产业转型升级、供给侧结构性改革同步适应问题需进一步加强。目前，京津产业过度集中，河北省产业过度分散。京津冀区域职业教育的发展，必须与三地产业转型升级深度融合，需结合三地产业发展规划的要求，对职业教育布局进行优化调整，探索京津冀职业教育校企合作、产教融合的办学模式。

第二，斜向府际合作无序化。目前，在政府主导的同时，三地的教育合作组织热情高涨，各级办学主体之间的合作交流也日益频繁，各种合作联盟与协作组织层出不穷，如三地高校分别组建的京津冀信息服务协同创新共同体、工业大学协同创新联盟、高校商科类协同创新联盟等，教育主体间的自发合作也不断增多。但目前的教育合作以环京津节点城市为主，合作呈现碎片化、无序化发展，缺乏切实有效的做法和行动，缺乏顶层的整体统筹规划和有效监督。

京津冀教育合作方式单一、合作层次较浅，多数联盟还没有深入到共建重点学科、共建重点实验室、高层次人才培养与共用的层次。

第三，斜向府际协同缺乏管理。在管理层面上，应构建具有权威性和执行力的中央政府协调机制。要实现京津冀教育协同发展的根本目标，京津冀教育协同发展的方向与路径需进一步明确。需根据三地的战略定位调整整体教育的结构布局，规划发展路径。斜向府际关系可以超越条块基础得到充分的利用，斜向府际关系寻找共同利益的契合点，在程序上达成共识从而协调府际关系，促成各级政府、政府部门和区域政府之间的彼此依赖和互相尊重，从而形成和谐共处乃至共治的局面。京津冀斜向府际关系立足于京津冀区域不均衡发展的现实，从三维甚至多维的视角协调府际关系，以实现府际关系的韧性处理，从而超越行政机构，实现区域政府与实体政府的府际关系处理、大区域政府与小区域政府的关系处理、政府部门与地方政府的关系处理，以达成软治理的共赢局面。斜向府际关系的建构基点是具有独立法律人格的行政主体。斜向府际关系用私法促进自由秩序的实现，用超越级别的共同成员立法来维持公法的稳定，其重视民主协商的动态合作博弈过程，采用共同诉讼行为整合各区域、各级政府和各部门的利益，从而实现软治理的良性互动。

第四节　京津冀教育协同发展法制保障不健全

十八届四中全会提出，全面推进依法治国，建设社会主义法治国家。依法治国在加强硬法之治的同时，软法之治逐渐成为新趋势。软法与硬法同为法律的基本表现形式，包含着大量本土性制度资源的"软法"，是一种法律效力结构未必完整、无须依靠国家强制保障实施，但能够产生社会实效的法律规范。软法不仅包括缺乏法律约束力的"软法律"，还包括具有重要政策指导意义和政府行动计划作用的"软规则"。京津冀教育协同发展更多地通过软法来实现。目前，现有的相关政策法规还存在着诸多局限与障碍，影响着京津冀教育协同发展进程，具体体现在以下方面。

一、现有京津冀政策法规的有限性

实施京津冀教育协同发展的战略规划，是一项政策性极强的复杂系统工程，要综合运用立法规划、政策指导等手段对区域教育进行宏观统筹。目前，京津冀教育协同发展的相关政策法规还极为有限，政策支持与保障体系不够健全，缺乏综合性的教育协同发展规划与具体制度安排。

第一，京津冀教育协同发展相关法规政策制度不够健全。2015 年 5 月，京津冀三地人大常委会出台《关于加强京津冀人大协同立法的若干意见》，2017 年 2 月，又出台《京津冀人大立法项目协同办法》，使三地协同立法制度化。京津冀教育协同发展需要通过三地协同立法，整合区域教育立法资源优势，增强地方教育立法总体实效性与协调性，推动京津冀教育协同发展。从 2015 年京津冀协同发展上升为国家重大发展战略以来，北京市紧跟国家步伐，对统筹京津冀地区职业教育发展作出了明确的规划，同时从区域间合作共享的角度出发，发展京津冀地区教育一体化，保障京津冀教育协同发展质量稳步提高。比如：《北京市"十三五"时期教育改革和发展规划（2016—2020 年）》的颁布，进一步明确了北京市在第十三个五年规划期间协同京津冀教育发展的举措。通过支持京津冀区域内的合作办学、学科共建及资源共享，以实现京津冀教育的统筹发展。中共北京市委、北京市人民政府于 2018 年印发了《关于统筹推进北京高等教育改革发展的若干意见》，要求"加强京津冀区域高等学校交流合作""健全教学质量保障体系"。但到目前为止，还没有京津冀教育协同发展的相关条例出台。

第二，京津冀教育协同发展缺乏综合性的教育协同发展规划与具体制度安排。在 2015 年出台的《京津冀协同发展规划纲要》背景下，京冀两地教育部门签署了《京冀两地教育协同发展对话与协作机制框架协议》和《京冀大学生思想政治教育工作协作方案》等教育合作框架协议，支持组建"京津冀学校联盟"，促进学校优质教学科研资源成果共享等。2017 年，三地教育主管部门共同发布了《"十三五"时期京津冀教育协同发展专项工作计划》和京津冀教育对口帮扶项目。但总的来说，三地的教育协同发展政策规章制度缺乏统筹规划，覆盖面较窄，针对区域间各个教育层次类型的具体合作协议较少，教育协同发展的具体规划和制度安排还极为有限。

二、现有京津冀教育政策法规缺乏协调性

实现京津冀区域协同发展，要综合利用政策法规对区域教育进行宏观统筹规划。京津冀教育协同发展的政策法规不仅有限，由于社会经济、文化传统和教育体制等诸多因素的影响，更为严峻的是缺乏整体规划与协调性。

缺乏有效的法制协调机制。由于行政壁垒、地方利益与保护主义，京津冀教育协同发展的规范性文件与国家及地方性政策法规之间存在着交叉、重复或者冲突等不协调因素。只有建立起区域教育法制协调机制，平衡与协调各方的利益与矛盾，才能有效解决协同发展制度中的差异和冲突，为京津冀教育协同发展保驾护航。从现有的区域教育政策法规来看，相关政策不仅有限，更是缺乏整体协调和规划。由于各省市之间经济、政治及文化之间存在差别，三省市之间相关教育政策法规存在不协调的现状，因此区域间应建立起区域教育政策法规协调机制，平衡三省市间的需求，解决三省市之间教育政策法规的法制协调问题，保障京津冀教育质量。

现有政策法规缺乏互补性与针对性。京津冀教育协同发展的目标是努力形成优势互补、资源共享、互利共赢的教育一体化发展新格局。京津冀协同发展的目的是疏解北京非首都功能，实现三省市间优势互补、资源共享，但目前关于区域教育协同发展的政策法规并没有细化三省市之间的关系，提出相应的具体措施。现在的问题主要体现为：一是，现有政策法规并没有强调和细化区域间的优势互补的具体措施。二是，作为教育资源洼地的弱势区河北，缺乏具有针对性的政策法规来补足短板，也缺少对京津地区教育优势和特色的利用举措。京津冀教育协同发展的重要目标是要缩小并拉平京津冀的政策差距，通过统筹规划，遵循区域绝对优势和比较优势，形成具有针对性和实效性的协同发展体系。

目前，京津冀三地还未合力出台相关的政策，从总体上来看，有关三地教育系统发展的政策法规仍缺乏整体规划，多为各省市层面的规划，缺乏综合性的政策支撑和保障。现有的相关政策中，国家、各部委及各省（市）都在一定程度上从不同层面对区域教育质量保障作出了相应的努力，但相关政策法律的

措辞多使用"支持""建议""加强"等词汇，不仅约束力不足，且没有明确的规定，使得各部门、院校在具体实施过程中举步维艰，而且京津冀教育协同发展需要三地协同整合区域内的教育资源、加强三地教育立法的协同性以保障京津冀教育协同发展，提高京津冀地区教育质量。

三、司法服务与保障的缺乏

只有良好的司法行政工作，才能为京津冀教育协同发展提供优质的法律服务、有力的法制保障和良好的法治环境。在未来的京津冀教育协同发展中，司法行政服务涉及一些多元跨区域的新型法律纠纷，主要集中于非公共教育服务领域，尤其是民办教育机构的区域间合作。京津冀三地由于经济社会发展状况的差别，京津冀教育在区域内法制建设程度不平衡，教育执法标准不统一，区域间教育案件纠纷处理难度大。目前，除2015年发布的《京津冀协同发展规划纲要》从整体上对京津冀区域协同发展作出规划外，还未颁布关于保障区域教育协同发展或者保障区域教育质量的法律法规，因此，急需在顶层设计上明确各主体在协同发展中的责任、权利和义务，为区域协同发展提供良好的政策支持，使各部门、各主体在具体工作运行中做到有法可依。

在司法服务与保障制度建设上，共享政策和制度建设不足是目前三地教育协同发展成效不明显的重要原因。京津冀教育协同发展需要政策的强有力支持，既需要京津冀政策的一体化，争取消除政策差异，不因为政策差异出现新的问题制约一体化的进程，又需要从中央和三地分别出台一系列新的支持政策，在教育布局调整、功能定位、效能评估、基本建设、利益补偿、人员待遇和基本保障等方面鼓励创新和尝试，消除人们的疑虑，并形成一整套的监督保障机制，确保各自按照顶层设计的蓝图施工建设，取得实质性效果。

京津冀教育一体化司法服务与保障是实现教育协同发展的重要途径和内容，必须针对三地教育资源的配置现状进行科学研究才能做好政策和制度建设工作。三地教育资源共享的政策法律法规、理论、共享项目的安排和实施需要专门人才和专家的研究提供支撑。京津冀法律法规政策的缺乏，京津冀教育协同发展和教育资源的共享，是关系到三地群众的大问题，涉及三地的政府和人民群众的利益，只有得到顶层的政策支持才能更好地实现。缺乏完善的配套制度，如目前在三地的师资资源共享中受教育财政属地管理的影响，缺乏相应的激励机制和制度，教师无法真正实现异地授课。配套制度的缺乏，使三地的共享缺乏制度保障。

由此，对于京津冀教育协同发展法制保障的研究具有重大的理论指导和实践意义，不仅能够充分保障京津冀教育协同发展的重大国家战略的实现，还能为区域教育法制协调发展提供有力指导与借鉴。

第四章 供给侧改革背景下京津冀教育协同发展的运行逻辑

在相当长的一段时期，我们在研究教育供需矛盾时，更多的是基于教育需求侧层面，关注如何满足相应的教育需求，导致优质教育资源成为少数人才能享有的权利，而没有增加供给的有效性和调整供给结构。京津冀教育协同发展中，需求驱动的政策取向已无法达成既定目标，具体缘由如下：一方面，对于需求侧而言，虽然具有强烈的教育需求，但是作为弱势方，不具备优势和能力去得到自己想要的东西。所有的教育供给对于弱势方来讲都是唯一的，供给什么样的教育就接受什么样的教育。供给侧处于强势主导地位，不仅掌握教育资源，还有相应的资源管理权、配置权和决定权。①另一方面，从供给侧而言，主要基于自身利益出发的简单粗放型供给，并没有对需求方的特点进行深入研究分析，导致缺乏针对性，有效供给不足。因此，京津冀教育要协同发展问题的关键还在于供给侧，从问题源头入手，重点进行教育供给侧改革。

有学者指出："教育供给侧是教育政策、制度、资源、产品和服务的供给方，其主体一般包括政府、教育管理者、学校以及学校内从事教学科研工作的教师。消费产品、接受服务的一端则为需求侧，需求侧涉及两类主体：一类是教育场域中的学生和家长，另一类则是人才市场中的社会、市场和用人单位。需求侧与供给侧的划分不是绝对的、固定不变的，在设计宏观政策、教育体制等问题时，学校又会变成需求侧。"在京津冀教育的供求关系框架中，首先应清楚教育的"供给侧"与"需求侧"分别是谁。供给主体上，从宏观层面来看，

---

① 周海涛，朱玉成. 教育领域供给侧改革的几个关系 [J]. 教育研究，2016（12）：30-34.

"供给侧"是拥有优质教育资源与服务的优势教育区，主要是指北京、天津，而河北主要作为"需求侧"，但具体到各个教育层次类型中，京津冀三地作为"供给侧"与"需求侧"的角色也呈动态变化。从微观层面而言，具体指优势教育区的政府、教育管理方、学校以及教师等通过教育政策、制度、资源、产品和服务等手段，调整供给数量、质量与结构，适应弱势教育区的教育需求，形成优势互补、资源共享、合作共赢的教育新格局。

因此，京津冀教育协同发展中，主要应该在供给侧做文章，作为教育资源高地的供给侧，充分了解作为资源洼地的需求侧，在教育供给侧结构性改革中承担起更多的主体责任。通过调整京津冀教育供给结构，增强京津冀教育协同发展的实效性，推进京津冀教育供给端与需求端的有效对接，获得协同发展。

供给侧结构性改革是"十三五"发展战略重点之一。供给侧结构性改革涉及经济和社会两大领域，社会领域中的教育，也应从属于供给侧结构性改革的重要内容。"供给侧改革"中有关有效供给和结构性改革的整体思路可以为京津冀教育协同发展工作提供有益启发。进行京津冀教育供给侧改革，要遵循京津冀教育供给侧思维逻辑：一方面要遵循供给侧改革和教育规律的内在辩证逻辑；另一方面也要遵循社会发展需求的外在客观逻辑，包括疏解教育功能、实现教育均衡的目标、满足需求侧多元个性化的教育需求等。

第一节　基于供给侧改革运行逻辑

2015 年 12 月召开的中央经济工作会议提出，"稳定经济增长，要更加注重供给侧结构性改革"，并强调这"是适应和引领经济发展新常态的重大创新，是适应国际金融危机发生后综合国力竞争新形势的主动选择，是适应我国经济发展新常态的必然要求"。在中央财经领导小组第十一次会议上，习近平总书记提出了供给侧结构性改革，同时明确在适度扩大总需求的同时，为增强经济持续增长的动力，应着力提高供给体系的质量和效率[1]。简单意义上来讲，所谓的

---

① 崔建民，陈东平.党建蓝皮书：党的建设研究报告[M].北京：社会科学文献出版社，2016：17.

"供给侧改革"就是从提高供给质量出发，用改革的方法来促进产业结构调整以扩大市场的有效供给，以期进一步提高社会生产力水平，更好地满足人民和社会的需要。从本质上说，供给侧改革，就是抓住根源性问题进行改革。

供给侧结构性改革是"十三五"的一个发展战略重点。供给侧虽然侧重于经济领域研究，但供给侧改革理论为京津冀教育协同发展提供了一个视角。以"需求"为导向的教育改革工作难以实现京津冀教育协同发展的目标，京津冀教育协同发展改革工作应该参考"供给侧改革"理论，改善京津冀教育协同发展供给结构，增强京津冀协同发展的针对性和实效性。

一、走出需求侧思维误区

改革开放以来，市场经济体制在我国逐步建立起来。但是，人们对计划经济时代商品短缺的苦痛仍然记忆犹新，希冀于市场经济能够解决商品短缺的期望在改革开放初期尤为强烈。同时，计划经济体制的思想根深蒂固，政府仍然是市场经济体制下的强势主体。这样，在观念和情感的双重压力下，政府坚持需求侧管理的理念也就不足为奇了。然而，随着中国经济的快速增长，国内外经济形势发生了颠覆性的变化，原来坚持需求侧管理的缘由已不复存在，但政府单一的需求侧管理模式却并未改变。时至今日，单一依赖需求侧管理的经济发展模式的弊端日益显现，已经到了严重影响我国经济持续增长的境地。因此，要实现我国经济的持续增长，就必须改变现有单一的需求侧管理经济发展模式，由此，供给侧改革应运而生。

在需求管理学派看来，经济改革就是要不断推出新的经济刺激政策，如扩张性的财政政策、宽松的货币政策等，从而带动社会有效需求的大幅增长。供给侧管理学派则给出了完全不同的意见，他们认为经济增长根本不需要"刺激政策"来提高总需求，社会有效需求不足的原因来自生产能力的低下，当生产能力达到潜在的产出水平时，总需求必然提高，经济增长的目标自然实现。在供给侧管理学派看来，社会有效需求总是存在的，社会生产能力的不足才是导致经济发展疲软的罪魁祸首，因而生产能力的提高才是经济增长的关键。

笔者认为，一个经济体的健康、持续发展不可能单靠需求侧管理或供给侧管理，而是二者的有效协调、相互匹配和彼此均衡。当前中国经济所面临的问题不是需求侧管理理论本身所存在的问题，是过度关注、依赖单一需求侧管理的发展模式而导致供给与需求失衡所引发的结构性问题。因此，供给侧改革不是放弃需求侧管理，而是通过纠正需求过度而供给不足的问题，来实现中国经济供需两端的均衡发展。

二、基于供给侧改革

（一）为什么要提出供给侧改革

"供给侧结构性改革"是中央经济工作会议上提出的事关中国经济未来发展的重大战略调整，一提出，即引发热议，成为各界关注的焦点。作为在社会经济活动中扮演着越来越多、越来越重要角色的教育来说，自然不会游离于这场讨论之外。有论者就指出，教育是人力资本这个最重要的生产要素的主要配置渠道，因而教育可能也就是最根本的"供给侧"因素。[①]

从历史逻辑看，需要进一步以问题为导向，梳理供给侧结构性改革面临的时代背景和发展环境；从理论逻辑看，需要厘清改革的目标定位、指导思想和主要内容，即回答供给侧结构性改革为什么、是什么、怎么办的问题；从现实逻辑看，需要确立改革的优先次序，勾勒出大致的路线图、时间表。中国的"供给侧结构性改革"的关键是"用改革的办法推进结构调整，减少无效和低端供给，扩大有效和中高端供给，增强供给结构对需求变化的适应性和灵活性，提高全要素生产率"[②]。供需不平衡，是指教育资源配置方式、模式存在结构性矛盾。有效高效的教育资源供给总量、成功的质量改革以及改革措施的落实都与政府改革存在极大的相关性，与之匹配的政府改革至关重要，甚至可以说，政府改革的维度、力度、速度都决定着"供给侧改革"的成败。因此，"供给侧改革"不单单是经济学命题，它蕴含了丰富的行政学思想，当学者们专注于"供给侧"改革的经济学解释时，笔者认为有必要理清其内在的行政学思维和行动逻辑。

---

① 赵扬.《供给改革的重点在提高效率》，见"财经杂志评论"微信公众号。
②《习近平在省部级主要领导干部学习贯彻十八届五中全会精神专题研讨班开班式上发表重要讲话强调：聚焦发力贯彻五中全会精神 确保如期全面建成小康社会》，《人民日报》2016年1月19日。

供给侧是相对于需求侧而言的。从现代经济学角度来看，投资、消费、出口作为拉动经济增长的主要内生动力，在 20 世纪八九十年代拉动我国内需发展方面起到了十分重要的作用，但随着经济改革的全面深入，经济发展瓶颈日益突出，主要表现在劳动密集型企业纷纷倒闭、传统产业产能过剩、结构性浪费严重等，因此不得不向供给侧寻求突破。所谓供给侧改革就是在这样的时代背景下寻求结构性改革来推进生产要素的供给和有效利用，推进经济与产业结构的调整和升级，使得中国经济在优化结构进程中实现转型升级，进而推动国家现代化建设整体水平的提升。

简单地说，原来我们从需求侧来拉动经济增长，是从需求方面出发的。但现在一般的供给满足不了人们的需求，需要从供给方面改革来提供更高质量又无污染的产品去满足人们的需求。供给侧改革是一种寻求经济增长新动力的开拓性思维与尝试，从"三驾马车"到"供给侧改革"，不仅勾勒出未来中国经济的演变轨迹，更反映了中国经济改革的主导方向。供给侧改革是一个系统性的、具有全局性和长远性的改革，既能应对短期矛盾，克服失衡障碍，保持平稳增长；又能着眼长期目标，实现结构优化和可持续发展。

中国的供给侧结构性改革并非赞同萨伊定律，而是强调"调整供给以满足受抑制的需求"。中国提倡推进供给侧改革并不是笼统地让"供给创造需求"，而是"扩大有效和中高端供给，增强供给结构对需求变化的适应性和灵活性"。由于社会保障不完善、消费产品升级跟不上家庭消费偏好的转变速度，在教育、医疗和文化等服务领域以及高端消费品领域普遍存在需求受抑制的现象，供给侧结构性改革的目标恰恰是通过调整供给结构释放这些受抑制的需求。

市场供给和需求的自动平衡是自由市场经济的理想，但是现实中供给和需求时常难以自动匹配，往往需要政府通过有形的手来调整。尽管在过去大半个世纪里，需求拉动增长论是宏观经济政策的主流思想，但古典经济学以及马克思经济学主张的实际上是供给推动增长论。这里的供给不是从数量上而是从质量上而言的，要提供满足人们需要的产品，否则就等同于需求侧的投资需求了。供给侧改革既不是对凯恩斯经济学的维持和继续，也不是朝新古典经济学的转向和回归，而是体现了古典经济学的再生和复兴。

（二）教育领域的供给侧改革

教育问题，绝不仅仅是教育本身的问题。教育的发展不仅要放在整个经济社会发展的结构中来考虑，还要关注到教育自身的结构性变革。供给侧结构性改革不仅是经济领域的事情，也是教育领域的事。谈起教育供给侧结构性改革，大家立刻想到的是扩大优质教育资源供给，优化教育资源配置，给受教育者提供更多、更好的教育选择。"供给侧结构性改革"好像是一个筐，教育的所有难题装进这个筐里就迎刃而解了。京津冀教育协同发展之所以要进行供给侧改革，首先基于京津冀教育供给侧改革的辩证逻辑。从教育供给侧改革的视角，围绕"制度创新""教育效率""高考改革""互联网创新""因材施教"和"城镇化"等六大关键词分享前沿观点，探讨如何扩大优质教育资源供给，优化教育资源配置，从而真正促进教育公平。以供给侧改革促进教育公平具有重要的现实意义，推动教育供给侧改革，不仅可以提高教育投入的效率，优化人才培养的结构，给受教育者提供更多更好的教育选择，同时可以扩大优质资源供给，优化教育资源配置，从根本上促进教育公平的实现。

教育的供给侧改革主要是政府简政放权，放开管制，包括鼓励个性化、小规模精品学校的生长，鼓励自下而上的变革，开放民间办学等，从而改变教育传统和学校传统。例如，通过互联网的方式把一线中学录制好的课传送到乡村学校的课堂上，地方教师把名师的讲解内容和自己的课堂相结合，学生和教师双方都能受益。这种"互联网＋"双师教学的模式，将非常有利于解决教育不公的问题。在供给侧改革这一战略思想基础上，我们要认清公益性事业发展和产品经济发展的不同。教育不仅要满足个人的消费需要，而且要考虑社会发展的需要。教育公平不能交给市场处理，否则将无公平可言。供给侧改革要从基本需要、类型需要、个性化需要，以及层出不穷的新需要等方面来满足教育发展的需要。

教育作为公共产品，需要通过提供好的有质量的公平教育满足市场、家长、人民的需求。李佐军在 2008 年出版的《人本发展理论——解释经济社会发展的新思路》一书中提出了人本发展理论分析框架。人本发展理论主要体现了供给侧改革思想。人本发展理论是由"满足人"、"依靠人"、（制度）"引导人"、（资源）"装备人"和（分工）"安置人"组成的理论分析框架。其中，满足人可以说是需求侧的，其余都是供给侧的。依靠人是指依靠人的行为来实现经济发展，属于供给侧；制度、资源或生产要素、分工（对应着笔者提出的供给侧"三大发动机"——制度变革、要素升级和结构优化）是影响人行为的三大因素，是提高全要素生产率的基本手段。

教育领域的供给侧改革，一方面是提高教育供给端的质量、效率和创新性，使其更贴近学生的消费需求和消费习惯，做到既能满足学生个性发展的需要，又能对准未来社会的需求。教育领域的供给侧改革，另一方面是丰富教育供给结构问题，为学生提供丰富、多元、可选择的教育资源、教育环境和教育服务模式的新供给侧结构，替代和打破原有单一的培养模式、统一的课程资源、僵化的考试评价供给结构。"缺乏有效供给带来的教育需求矛盾，使得深化教育供给侧结构性改革显得颇为紧迫。"化解当前存在的教育供需矛盾，应通过改革的办法推进结构调整，从提高供给质量出发，改变单一结构供给，形成丰富、多元、可选择的供给侧结构，从而为群众提供多样化、高质量的教育服务，满足不同层次的教育需求。通过教育供给侧的改革，实现教育的使命，即发现每一个孩子的禀赋，并进一步保护、支持其成长。

教育其实就是人才的供给和教育资源的供给，但目前很多供给是无效的，不能满足社会多样化、个性化的需求。要满足不同教育需求，就要加强教育供给侧结构性改革。教育供给侧结构性改革的核心，是扩大优质教育资源供给，优化教育资源配置，改变单一结构供给，形成丰富、多元、可选择的供给侧结构，给受教育者提供更多、更好的选择，为他们提供多元化、高质量的教育服务，以满足他们不同的教育需求。教育供给侧结构性改革，需要提高教育产品的质量，既要符合受教育者个性发展的需要，又要满足社会对受教育者的需求。只有教育的供给端实现转型升级了，有效的教育供给、精准的教育供给、创新的教育供给才能够真正解决"教育让人民群众满意"的问题。

教育供给侧结构性改革关乎教育公平。对教育公平问题的探讨，包括宏观层面到微观层面，进入了"有质量的公平"这一新阶段，这对我们进一步深化研究教育公平问题将起到积极的推动作用。推进教育均衡发展，需要转变教育资源的配置模式，创新和扩大教育服务多样化供给，改善、提高薄弱学校的办学质量和条件。只有缩小城乡、各区域、各学校之间教育质量的差距，提高困难群体教育保障水平，才能促进教育公平，实现教育均衡发展。"供给侧改革"中有关有效供给和结构性改革的整体思路可以为京津冀教育协同发展工作提供有益的指导。京津冀教育应紧密结合区域经济发展要求，通过优化人才培养方式，提高专业人才培养质量，建立全新的京津冀教育培养体系，推进京津冀教育人才培养的供给侧改革。

（三）教育供给侧改革是达到供给与需求的有效平衡

《辞海》曰："侧：向一边倾斜。"[1] 即侧重、偏重、着重某一方面。供给侧改革即指侧重、偏重供给数量、质量和结构等方面的改革，优化供给质量和效率，达到供给与需求的有效平衡。因此，供给侧改革即侧重、偏重供给方面的改革，通过改革使供给方面更加优化，达到提高供给体系质量和效率，更能满足需求。因此，它不是否定需求，而是达到供给与需求的有效平衡。

事实上的供给侧改革并不是放弃需求，恰恰相反，供给侧改革是在强化需求侧管理相关措施的同时提出来的，需求侧与供给侧相配合的政策叠加十分明显，即这是"在适度扩大总需求"的同时推动的供给侧改革。政府选择供给侧和需求侧的宏观经济政策，其关键是这个国家当时所处的宏观经济环境和现实需求，并依此相机抉择，当供大于求时，则更多选择以需求拉动的需求侧管理；当供不应求时，则强调以供给推动经济增长。所以单纯地放弃需求谈供给或放弃供给谈需求都是片面的。

当前，我国的教育事业有了很大发展，但优质教育资源依然相对稀缺。针对优质资源无法满足人民群众需要的供需矛盾，我们对有限的教育资源"入口"采取了控制的办法，比如划定入学范围、提高入学门槛等。从短期看，这在一定程度上缓解了优质资源的供需矛盾，但从长期看，无法从根本上化解矛盾。在相当长的一段时期，我们在研究解决教育的供需矛盾时，把更多的精力花在对教育需求的研究上，研究如何控制教育需求，但没有从"供给侧"角度进行深入研究，导致优质教育资源没有有效增加，优质教育资源成为少数人才能享有的权利。要从根本上破解这一难题，不妨从当前我国经济领域中的"供给侧改革"寻找答案，这也为我国民办教育的发展提供了新的视角。

---

① 辞海编辑委员会．辞海 [Z]．上海：上海辞书出版社，1979：546.

供给侧结构性改革是根据供求之间存在结构性差异与失衡，通过调整、重构或重组供给侧结构的规格、层次、类型、质量等，改善供需结构性矛盾，达到更高水平的供求平衡。京津冀教育协同发展主要是一种存量改革，不是简单的一刀切、量的平均，其供给侧改革主要是结构性改革，即把京津冀的教育资源与服务从总体上作一次内部的调整与重构。主要包括把北京市作为非首都功能的教育迁出去，与津冀进行整合，对现有的教育资源配置模式进行改变等。[①] 加大教育供给侧结构性改革，并不意味着否定需求侧的重要性，而是改变单一供给结构，形成丰富、多元、可选择的供给侧结构，建立新的供需结构。通过提供"引领性""精准性""有效性"的教育供给，提供多样化、高质量的教育服务，以满足多元的教育需求，实现供给侧与需求侧的协调平衡和良性互动。

针对当前京津冀教育协同发展的现实问题，供给侧改革才刚刚破题，供给侧改革改什么、怎么改是一个亟待研究的课题。推进供给侧改革应有科学思维。强调供给侧结构性改革，实质上就是主张以更高质量的供给机制来实现可持续的发展。需求是自然存在的，供给是需要人为努力的，需求往往与政府政策相连，供给侧与制度关系密切。将供给侧与改革连接在一起就具有了新的独特意义：从供给侧推进改革，意味着政府与市场关系的变化，即从政府政策主导经济增长转为市场制度主导经济发展；意味着发展模式的调整，即从规模速度型增长转为质量效益型发展；意味着增长动力的转换，即从投资拉动转为创新驱动。这种体制、模式和动力的变化，其意义自不待言。

第二节　遵循教育发展规律内在逻辑

在京津冀教育协同发展中，不仅要遵循京津冀供给侧改革运行逻辑，更要深刻认识到教育事业的特殊属性和规律，遵循教育发展规律，按照教育自身规律来供给教育，使京津冀教育供给侧改革落脚和回归到教育，才能实现京津冀教育协同可持续发展。

---

① 王寰安，蔡春. 创新区域教育治理结构，促进京津冀教育协同发展 [J]. 首都师范大学学报，2016（1）：122-126.

一、满足需求侧多元个性化的教育需求

京津冀教育协同发展不是均质发展，"协同发展"应该认同各区域不同的发展阶段、发展定位和利益诉求，通过建立丰富、多元、可选择的供给侧结构，形成资源"错位"、特色鲜明、优势"互补"的教育格局。从公民个体的角度，最适合的教育才是最好的教育。多元互补的供给结构能够为受教育者提供多层次、个性化、高质量的教育服务，更多元的教育选择，满足不同的教育需求。因此，京津冀教育供给侧结构改革，要强化区域教育特色，通过优势"互补"，满足多元个性化教育需求。

在京津冀教育供给侧改革中，要深刻认识教育事业的特殊属性及其与经济运行体系的本质差异，教育供给侧改革首先要遵循教育规律，按照教育自身规律来供给教育。一般来说，教育规律包括人才成长规律、教育教学规律、学校办学规律和教育事业发展规律等。[1]京津冀教育供给侧改革最终落脚点要回归到教育，通过努力提高教育供给端的质量、效率和创新性，尊重学生的个性化差异，满足学生多元个性化发展需求，促进三地教育协同可持续发展。

二、实现教育均衡的目标

《京津冀协同发展规划纲要》中指出："远期到 2030 年，首都核心功能更加优化，京津冀区域一体化格局基本形成，区域经济结构更加合理，生态环境质量总体良好，公共服务水平趋于均衡。"从政府角度来说，确保教育公平的首要做法是提供优质均等的教育资源。京津冀地区通过实施教育供给侧结构性改革，即通过优化教育空间布局、整合教育资源、调整师资配置、建设教育公共资源体系等手段，提供教育起点与过程的公平，逐步实现区域教育资源与服务水平渐趋均衡的目标。

第一，科学合理配置教育资源，建立京津冀基础教育合作机制，促进基础教育均衡发展。一是河北充分发挥地域资源优势，通过吸引名校办分校和政府购买教育服务等形式引导北京和天津优秀义务教育资源向河北转移，促进京津优质教育资源对河北的有效辐射，改善和提升河北义务教育质量；同时，为北

---

[1] 刘云生.供给侧结构性改革：教育怎么办？[J].教育发展研究，2016（3）：1-7.

京和天津义务教育发展带来更大的办学空间，输出基础教育品牌资源。二是政府主导，建立京津冀基础教育教师整体提升计划，搭建京津冀基础教育教师一体化培训平台，提升教育理念、学校管理、教学方式的科学化水平，实现三地教师统一发展、统一培训、统一提高。充分利用各自资源优势，实现教师共赢发展。建立三地校长、教师区域内交流轮岗机制，提升教师的业务素质和专业素养。

第二，实现高等教育的功能互补、错位发展和相辅相成。根据北京"全国政治中心、文化中心、国际交往中心、科技创新中心"，天津"全国先进制造研发基地、北方国际航运核心区、金融创新运营示范区、改革开放先行区"，河北"全国现代商贸物流重要基地、产业转型升级试验区、新型城镇化与城乡统筹示范区、京津冀生态环境支撑区"的功能定位，以及"一圈、两核、三轴、四区、多节点"的空间布局，突出三地"一盘棋"的战略思路，实现高等教育的功能互补、错位发展和相辅相成。综合规划京津冀高等教育布局，形成依托区域经济社会发展的、以市场为导向的、学科结构合理的高等教育发展新格局，培养符合三地经济社会发展需要的不同层次、不同结构的高等教育人才。北京高等教育着重培养和吸引高层次的政治、经济人才及高水平科技人才、研发人才和文化人才，使北京成为高层次人才的集聚地、高水平科研成果的孵化基地、新科技产品研发基地；天津高等教育要建成高水平技术人才的集聚地和高科技、技术产品的研发、生产地；河北要充分发挥地域优势和资源潜力，建成京津冀高等教育人才培养、科学研究、社会服务的试验基地和技术成果转化基地。北京和天津要建立和完善以研究生培养为核心的教育功能区，河北要建立和完善同本地产业相联系的本、专科教育功能区。建立三个高等教育合作平台，以北京为核心搭建人力资源互通和高等教育高层合作平台，以天津为核心搭建职业教育发展和科技创新合作平台，以河北为核心建立高校产学研协同和成果转化基地。

第三，创新体制机制，建立京津冀教育协同发展的保障性制度。完善京津冀法律体系，保障教育协同政策的有效执行。对京津冀已有教育相关地方法规进行全面评估，及时调整或废止有碍协同发展的法律内容，制定和完善有助于协同发展的地方教育法规。三地具有立法权的人大、政府机关协同制定符合本地需要的京津冀教育协同发展地方条例，明确规定教育协同的目标、基本任务、责任主体、实施原则、关键内容、执行程序，以及各级各部门应有的权利、义务等，依法保障京津冀教育协同发展。明确将教育协同发展的水平、质量纳入对三地政府部门的考核范围，推进京津冀教育协同发展的有效落实。建立京津冀教育协同发展的财政制度，保障协同发展在中央政府支持、三地平等协商下，建立京津冀三级政府间（省与省、市与市、县与县）的平行转移支付制度，财力好的地区的财政向财力薄弱地区倾斜支持。三地政府间可根据自身教育协同的需要，购买跨区域的教育服务或优质教育资源。国家联合三地建立京津冀教育协同发展专项经费，为京津冀三地师资培养、资源配置和教育质量提升提供资金支持，为教育项目、基地、学校建设等提供资金保障。制定公用经费补贴、减免占地费用或者利用租金、公建民营、以奖代补等具体办法，购买和合理配置教育资源。制定教育资源跨区域配置的税收减免办法，为优质教育资源在区域间的有效配置提供制度保障。深化教育改革，有效运用PPP促进教育协同发展。建立区域教育数据库，支撑京津冀教育资源协调配置，建立京津冀教育数据库，为区域教师、学生、教育行政部门和社会教育机构参与教育协同发展提供信息服务，合理配置教育资源。数据库应至少包含以下三个方面的数据内容：一是京津冀教育项目数据，由三地有关主管部门汇总各地京津冀教育协同发展项目，为三地教育机构选择项目合作提供有效信息；二是学历、专业、研究方向、业务特长等基本信息，为教育协同发展提供数据支撑；三是京津冀产学研资源数据，包括三地产业、学校、科研的基本数据，为产学研合作、服务经济社会协调发展提供信息支撑。

第三节　考虑社会发展需求外在逻辑

教育有两条基本规律，包括关于教育与社会发展关系的规律，称为教育的外部关系规律；关于教育和人的发展关系的规律，称为教育的内部关系规律。京津冀教育协同发展不仅要遵循供给侧改革和教育的内部关系规律，也要遵循社会发展需求的外在逻辑，具体体现在以下方面：

教育是社会发展大系统中的一个重要子系统，社会政治、经济的发展对教育发展具有决定性作用，文化、科技、人口等社会因素也对教育的发展具有重要影响。教育在经济社会发展中发挥着基础性、先导性和全局性的作用，教育协同发展是推动京津冀协同发展、补齐河北公共服务短板、推动区域教育公平的重要途径，是深化教育领域供给侧结构性改革、提升区域整体教育水平的重要举措。

一、疏解教育的"非首都核心功能"

所谓首都核心功能，即北京作为首都所承担的全国政治中心、文化中心、国际交往中心、科技创新中心四大功能。2014 年 2 月，习近平在北京市考察工作时提出，要明确城市战略定位，坚持和强化首都全国"政治中心、文化中心、国际交往中心、科技创新中心"的核心功能。

非首都核心功能即首都核心功能之外的功能。非首都功能指那些与首都功能发展不相符的城市功能。非首都功能由习近平总书记在 2015 年 2 月 10 日的中央财经领导小组第九次会议上提出，他指出：要疏解北京"非首都功能"，"作为一个有 13 亿人口大国的首都，不应承担也没有足够的能力承担过多的功能"。疏解北京非首都功能、推进京津冀协同发展，是一个巨大的系统工程。目标要明确，通过疏解北京非首都功能，调整经济结构和空间结构，走出一条内涵集约发展的新路子，探索出一种人口经济密集地区优化开发的模式，促进区域协调发展，形成新增长极。思路要明确，坚持改革先行，有序配套推出改革举措。方法要明确，放眼长远、从长计议，稳扎稳打、步步为营，锲而不舍、久久为功。非首都功能疏解是将北京人口规模严格控制在 2300 万人以内，解决北京"大城市病"，优化提升首都核心功能的先导和突破口。伴随着部分相对低端、低附加值的四类非首都功能的有序疏解，将带来大量的人口外迁和人口流动。

"疏解"清单将按照"几个一批"对核心区和中心城区进行疏解，包括"一批制造业""一批城区批发市场""一批教育功能""一批医疗卫生功能""一批行政事业单位"。其中"一批教育功能"指疏解一些院校，"一批医疗卫生功能"，则指中心城区不再新增综合性医院。

2014 年 2 月 26 日，习近平总书记在北京考察工作时提出了京津冀协同发展重大战略。习近平总书记指出，北京是我国的首都，北京城市建设管理在不断取得成绩的同时，也面临很多令人揪心的问题，主要表现在集聚了过多的人口和功能，经济社会各要素处于"紧平衡状态"。要坚持和强化首都核心功能，调整和弱化不适宜首都的功能，把一些功能转移到河北、天津去，这就是大禹治水的道理。在 2014 年年底召开的中央经济工作会议上，习近平总书记强调，京津冀协同发展的核心问题是疏解北京非首都功能，降低北京人口密度，促进经济社会发展与人口资源环境相适应。北京将严格控制教育规模，研究启动部分市属高校的疏解项目，首先着力推进部分高校和职业院校的转移疏解，将部分优质教育资源配置到津冀地区，发挥更大的作用，并以此缩小京津冀区域的教育服务水平差距。要积极参与京津冀三地政府的交流沟通与协议签署；主动控制中等职业教育、高等教育、成人教育、网络教育等教育规模，对教育的增量严把准入关；明确首都城市核心区教育疏解思路，积极引导核心区高等职业学校和中等职业学校原则上整体迁出；推动部分市属高校向远郊区县疏解。

教育协同发展是疏解非首都核心功能的必然要求。教育是社会发展的基础性要素和重要的公共服务，是京津冀协同发展的重要组成部分。2015 年 4 月审议通过的《京津冀协同发展规划纲要》提出："要有序疏解北京非首都功能，包括部分教育、医疗、培训机构等社会公共服务功能，加快公共服务一体化改革。"北京要轻装上阵，要对作为"非首都核心功能"的教育进行功能疏解。受经济发展水平的制约，三地教育与人力资源发展水平还存在明显差距，教育协同发展支撑和服务非首都功能疏解的形势严峻。为迁移人口提供高质量的基本公共教育服务，对保障人口顺利外迁和合理流动、非首都功能的有序疏解将产生至关重要的作用。在京津冀协同发展战略推进的过程中，不断探索三地教育协同发展的运行机制和原理，发现战略推进过程中的问题并找出解决对策，必然会对京津冀协同发展起到重要作用。

二、教育协同发展是产业升级转移的前提基础

产业升级转移是由要素供给的稀缺性和竞争性差异推动的，资源供给和产品需求的变化，导致区域间产业布局调整。京津冀地区的教育既集聚了我国顶

尖的优质教育资源，又是区域人才与科研成果的供给者，不仅肩负着为我国建设教育强国、世界一流大学、一流学科的重任，而且还要为区域经济社会协同发展提供有力的支撑与服务。京津冀区域教育协同发展不是普通意义上的增量改革，而是涉及中观层次的存量改革尝试和实践。京津冀教育协同发展有着良好的历史基础，特别是近几年在实践推进方面，开展了一系列富有成效的探索与尝试。《京津冀协同发展规划纲要》对三省市在区域发展中的功能定位进行了明确界定，并将产业升级转移列为协同发展的三大重点领域之一，这对三地人力资源协同发展、劳动力结构调整和能力提升提出了新要求。比较而言，河北省在产业承接、产业调整和升级方面的压力更大。在河北省"十三五"规划中，已将产业转型升级作为经济发展的主攻方向和关键任务，因为这关系着河北省在京津冀协同发展中建设全国现代商贸物流重要基地、产业转型升级试验区、新型城镇化与城乡统筹示范区、京津冀生态环境支撑区的成败。

政府主导与自发组织相得益彰。《京津冀协同发展规划纲要》和《中华人民共和国国民经济和社会发展第十三个五年规划纲要》等相关政策颁布实施以来，三地政府与教育主管部门主动作为，积极主导相关活动。2015年10月以来，京津冀大学生思想政治教育工作协作机制、京津冀现代职业教育体系创新平台、河北千名教师进京培训机制等先后建立。在政府主导的同时，各级办学主体之间的合作交流也日益频繁，各种合作联盟与协作组织层出不穷，如三地高校分别组建的京津冀信息服务协同创新共同体、工业大学协同创新联盟、高校商科类协同创新联盟等，教育主体间的自发合作也不断增多。

建章立制与营造氛围相互促进。国家与京津冀三省市相关行政部门不断出台政策，为京津冀教育协同发展提供了良好的制度保障与发展基础。《京冀两地教育协同发展对话与协作机制框架协议》确立了协同发展联席会议制度，要求定期会商顶层设计，协调解决教育协同发展面临的热点、难点问题。这一协议建立了双方教育协同发展的对话机制与协作机制，为两地的教育协同发展开启了新篇章。此外，三地教育机构也组成不同的教育联盟，启动各项工程与活动，营造了良好的舆论氛围，如河北大学与北京大学合作的"百名博士河北行""燕园名师进河大""京津冀协同发展大讲堂"等系列活动，赢得了社会各界的广泛关注和高度评价。

资源共享与区域协调双轮驱动。各类教育合作和协同联盟的主旨是推动三地教育水平协同发展，努力实现区域协调与三地教育资源共享。建立平衡不同地区的区域协调与教育资源共享机制是三地教育协同发展的关键。智库是推动三地教育资源共享的一种有效途径，自2015年以来多个智库已在河北省挂牌成立。2016年6月，北京大学、南开大学、河北大学共同组建的"京津冀信息服务协同创新中心"成立，目前该中心已经进入实质性建设阶段，研究生交换培养、五大研究平台建设、中国高等教育文献保障系统（CALIS）河北研发与运维基地等项目已经启动。

三、教育协同发展是推动形成区域协同创新体的内生动力

京津冀要实现区域一体化，就要培养出与区域产业结构相适应的各种层次、类型的人才。北京的第三产业持续高速发展，天津的第二、第三产业发展较为均衡，河北的工业基础雄厚，第三产业发展不足。区域产业结构的升级将影响京津冀的人力资本需求。当前，京津冀区域缺乏高层次人才和高素质的一线劳动者，人力资源地域分布不均衡；作为人才培养主体之一的高等教育与区域结构升级还未能同步，制约了区域人口的合理流动。只有科学地布局高等教育，才能促进区域人力资源灵活流动，适应区域产业结构调整升级的需要。高校是科学研究和知识生产的重要载体，承担前沿和尖端课题，能够带动区域的科技创新发展。京津冀地区高校云集，区域经济发展迫切需要高等学校的积极参与。高校的空间布局只有适应区域经济发展的格局，才能为区域经济一体化作出贡献。

创新是京津冀协同打造世界级城市群的新引擎，京津冀地区集中了大批高校、科研机构以及企业创新中心，是我国创新资源最密集的区域之一，三地协同打造区域协同创新体具有得天独厚的条件，完全有条件通过区域协同在创新驱动发展方面走在全国前列。但区域协同创新是一种跨地区、跨组织、跨文化的复杂合作创新活动，是涉及产品创新、技术创新、管理创新、制度创新等多方面、多层次相互支持、联动创新的有机整体。北京重在原始创新、天津重在研发转化、河北重在推广应用，三地应各有分工、各有侧重。但目前三省市创新资源不平衡，区域科技创新分工尚未形成，科技资源共享不足，创新链与产业链对接融合不充分，区域协同创新能力受到严重制约。比较而言，河北省在创

新能力方面更存在着"研发投入少、转化能力低、创新主体少、创新人才缺"四大短板。为此，亟待整合京津冀区域创新资源，完善协同创新合作机制，加强高层次创新人才培养与交流，打造协同创新利益共同体，为区域创新驱动发展提供有力支撑。

第四节　协调京津冀教育协同发展府际关系运行

"集体行动"作为一种社会建构，是研究当前中国经济社会发展中各种矛盾和冲突的一个统摄性概念。京津冀教育协同发展作为一种"集体行动"，其府际关系困境的生成因素复杂，需要协调京津冀教育协同发展府际关系的运行。

一、突破僵化行政区划体制的羁绊

第一，条块分割的行政体制，各自为政。条块关系一直以来都是我国政府纵向层级的垂直运行的相互作用的关系形态，"条"指中央政府，"块"指地方政府，条块关系最初范畴比较单一，仅指中央与地方政府间的关系，随着府际关系逐渐复杂、多样，我国的条块关系范畴也由中央与地方政府间关系逐步演化、扩展为中央与地方政府间关系以及地方政府的层级间相互作用的关系形态。

在我国计划经济时代，政府组织实行中央高度集权的管理体制，各级政府组织与各行业部门的工作完全受中央统一的直接管辖，各级政府组织间及各行业部门间缺乏规范的、稳定的横向联系和联动，各级政府部门的职能也被相互分割，从而形成了条块分割的局面。僵化的行政区划体制导致缺乏统一的领导和协调机构，权力碎片化。条块分割的僵化管理体制使政府间交流不畅，行政区划与经济区域的重叠导致地方政府间关系不睦，行政区域之间的利益争夺频现，地方政府与中央部门的职能交叉，地方政府与中央部委之间的争议时有发生。我国地方政府与中央部委之间合作并不顺畅，可归因于条块分割、层级束缚、法治土壤匮乏、地方自治缺位等。信息不对称下的逆向选择和道德风险，以及僵化的行政区划体制是孤岛现象形成的最重要原因。

当前我国条块分割的行政体制加剧了地方政府间的恶性竞争，也是制约京津冀三地政府间整合的深层次原因。京津冀三地长期以来处于森严的条块分割的行政体制之下，这种纵向层级的裂解和横向部门的分割滋生了利益地区化、部门化、部门权力碎片化，服务的裂解性、各自为政等现象，使得京津冀三地在公共政策制定过程中缺乏对于区域整体利益的协调和整合，只注重本辖区当前利益。

第二，京津冀行政体制和行政区划的森严增加了三地跨界治理的难度，即缺乏一个统一的跨界治理的合作组织为京津冀一体化制定统一的区域发展规划。此外，现有的京津冀地方政府行政首长之间对于本辖区发展规划缺乏沟通，使得京津冀三地无法形成长效的合作机制。所谓碎片化是指政府组织中的功能、权力和资源被诸多部门和机构分割，造成大量碎片的产生，导致政府组织体制的分裂，构成有效解决政府组织问题的结构障碍，从而形成政府服务的裂解性和功能的分割，降低组织绩效。这表现在政府职能和机构极度分化形成的政出多门、权责不清、公共部门极度追求利益最大化而形成的政府组织运行中权力的碎片化，以及政府服务功能层面服务的裂解性，在碎片化下，政府运行效率和协调水平低下，公信力较差。

由于京津冀三地发展本身不平衡，作为全国政治、经济中心的北京以及毗邻优势港口的天津，相对于河北，二者本身已拥有发展的区位优势和直辖市的政策优势，加之京津与河北本身经济发展水平的差异，使得京津冀三地经济发展本身处于不平衡且不能相互衔接的状态之下。条块分割的行政体制使得各地各自为政，追求本辖区利益最大化，多采用行政手段干预经济，人为地设置行政壁垒，阻碍了人才、资源和要素在区域内的自由流动。本应在市场规律下京津两地产生"涓滴效应"对河北经济发展产生辐射和带动，但在条块分割的行政体制下，地方政府采用行政手段干预经济，抑制了"涓滴效应"的产生，转而利用行政干预形成了京津两地的极化效应，严重抑制了京津冀三地协同发展。

第三，由于京津冀所处的特殊区域环境以及行政区划体制的限制，京津冀三地长期处于横向上森严的条块分割状态、纵向上层级束缚的僵化行政体制，形成利益的地区化和各自为政等现象。地方教育行政部门"理性人"的利己性构成行政壁垒，成为京津冀教育协同发展的羁绊，也成为制约京津冀三地教育行政部门间协同的深层次原因，增加了三地跨界治理的难度。在京津冀教育协同发展的各类政策制定过程中，作为全国政治文化中心的北京与毗邻优势港口的天津，二者拥有各自教育发展的区位优势，使得更加关注本辖区的当前利益，没有一个整体的区域规划，缺乏对区域整体利益的协调和整合，由此阻碍了人才、教育资源和要素等在区域间的自由流动，形成京津两地的极化效应，阻碍京津冀三地教育协同发展。

二、纠正传统区域观念的错位

第一，区域观念的越位与错位。京津冀府际关系整合受到观念因素的制约。首先，政府主导区域发展观念，越位与缺位并存。当前区域经济中，区域府际关系的协调和整合被许多政府组织奉为圭臬，但市场力量的壮大和社会力量的兴起成为区域府际关系协调和整合不可忽视的力量。在京津冀的区域治理中，不仅应该重视政府在府际关系整合中的主导力量，还应加强与私人部门的合作，避免非政府力量的缺位现象。其次，行政区区域观念深入人心。行政区观念深入人心，导致当前京津冀区域发展没有一个整体的区域规划，大多以各自的辖区制定区域规划，从京津冀三地整体的协调发展角度考虑制定自身的发展规划。最后，地方本位主义盛行。各地方政府具有"理性人"的逐利性，地方本位主义思想强烈，形成行政壁垒，滋生恶性竞争。

第二，观念制约还表现在京津冀三地本身观念的错位。由于传统行政区域观念深入人心，京津冀区域教育协同大多会从本辖区利益出发制定区域教育规划，而缺乏整体协同发展观念。这种观念因素的制约主要表现在京津冀三地自身教育观念的错位。首先，北京对于津冀的服务持理所应当的态度。由于北京的"虹吸效应"，无论在教育资源、人才培养和引进上都占据津冀无法比拟的优势，对津冀的服务习以为常，认为理所当然。计划经济时代全国保障首都、服务首都的观念盛行，这种观念虽然在改革开放以后得到相对改变，但对于区域的协调和共同发展并无起色，如河北常年向北京免费供水，北京将污染较重的重工业企业转移进河北，忽视河北的长远发展，京津两地不惜以牺牲河北生态环境为代价谋求自身的发展等。其次，天津的竞争观念。由于京津的不同城市功能定位，天津逐渐摆脱北京的阴影，与北京和河北的竞争也日渐加剧。与北京的竞争在金融和其他领域，而与河北的竞争则集中在港口。天津通过各种方法和途径引进教育资源来发展教育，提升人才培养质量。最后，河北在长期服务京津中形成一种"等靠要"的观念。长期以来，河北一直处在自主发展还是借力发展的矛盾中，没有处理好自主发展与借力发展的关系，长期服务京津的状态下，使得河北一直寄希望于承接京津产业转移从而实现自身经济社会的飞跃，这种"等靠要"的观念怪圈，更多希望借京津冀教育协同给予更多的教育资源，借力发展自身教育，没有形成自主发展意识。河北和京津两地观念的错位，缺少整体协同发展观念，是京津冀区域发展重要的桎梏，更加制约着京津冀府际关系的协调和整合。

三、协调利益结构差异的博弈

各级各类政府除具有谋求公共利益的利他动机外，也都具有追求自身利益最大化的"自利"动机。以权力配置和利益分配关系为主导，乃是府际关系的真题和本质所在。地方政府间竞争主要是对经济利益的崇拜和对资源的争夺。"霍布斯"式的公共秩序困境，导致了地方政府间的恶性竞争，产业同构、地区封锁、地区大战层出不穷，甚至出现区域公共问题"霍布斯丛林"的局面，显然这一状况与区域经济一体化的进程是背道而驰的。"霍布斯"式的公共秩序困境，很难达成集体行动的逻辑。大量"封闭性"和"内部化"公共问题变得"脱域化"。府际合作是走出"囚徒困境"的必然要求，是对规模不经济、"路易十四"心理、地方政府"画地为牢"和"各自为政"等一系列现象的冲击，使区域合作成为一个相互依赖、不可分割的经济整体。多元的利益致使省级政府和中央部委出现多头领导的问题。各级政府都在谋求自身利益的最大化，普通的行政协调根本难以解决，更不用说政府之间的协作了。此外，各地方利益联合体的力量也不容小觑，加上各部委行政力量的介入，条块关系对日趋增加的府际争议已无能为力。

第一，中央与京津冀地方教育行政部门之间的利益博弈。作为具有相对独立利益与职责的两个主体，中央政府与地方政府之间存在着一种利益博弈关系。在现实政治生活中，中央政府颁布某项政策后，地方政府即面临策略的选择，二者在博弈中的策略选择和行动有先后之分。中央政府无疑是博弈行动的主动方，首先给出了自己的策略选择；而地方政府作为后行者，结合自身的利益诉求，随后作出应对。就中央政府与地方政府之间的博弈来说，其三个要素分别为：一是作为参与人的中央政府和地方政府，二是可供中央政府和地方政府选择的方法和做法，三是中央政府和地方政府在各种对局下得到或期望得到的效用水平（即赢利或者得益）。在博弈中，如果各自从自己的利益出发，就会陷入"囚徒困境"。

第二，京津冀各级地方教育行政部门之间的博弈。就地方政府相互之间的博弈来说，又可以分为三种情况：第一种情况是有行政隶属关系的不同层级地方政府之间的博弈，如省与所辖市、市与所辖县之间的博弈；第二种情况是没有行政隶属关系的不同层级地方政府之间的博弈，如 A 省的 C 市和 B 省的 D 县之间的博弈；第三种情况是平级地方政府之间的博弈，如 A 省与 B 省的博弈，A 省的 B 市和 C 市的博弈，或 A 省的 C 市和 B 省的 D 市的博弈。其三个要素分别为：一是作为参与人的地方政府，二是可供各地方政府选择的方法和做法，三是地方政府在各种对局下得到或期望得到的效用水平（即赢利或者得益）。无论有无行政隶属关系的处于横向和斜向关系上的地方教育行政部门之间，都只存在"合作"或"不合作"两种策略的选择，由此会出现基于地区利益最大化并非京津冀利益最大化的最佳选择。而京津冀教育府际关系的协同，最终目的就是使府际利益博弈走向利益共赢，实现京津冀教育整体利益和效用的最大化。

综上所述，在中央政府与地方政府之间的博弈中，中央政府选择"查处"，地方政府选择"不执行"，是各自的最佳选择；在地方政府之间的博弈中，各方均选择"不执行"，对自己来说是最佳选择。由此就会出现个人最佳选择并非团体最佳选择、个人利益最大化并非团体利益最大化的局面，我们把这种局面称作"囚徒困境"，即府际博弈走入了"囚徒困境"。而城市群内政府间关系的协调，最终目的就是实现城市群内政府间的共赢，实现整体利益和效用的最大化。

第五章　供给侧改革背景下京津冀教育协同发展之策

京津冀教育供给侧改革的核心在于"结构性"优化，通过优化教育空间布局、整合教育资源、调整师资配置等方式，构建区域教育协同发展结构体系，解决"怎样供给"的问题，最终实现教育协同发展。建议京津冀教育协同以顶层规划为统领、长远共赢发展为原则，在政府主导下建立合理清晰的协同发展策略与机制，最终实现三地的教育协同发展。

要实现京津冀区域教育协同发展，需要三地教育活动的各方参与者积极参与，以协同为机制，以创新为路径。"协同"应是京津冀政府与学校、社会之间基于共识，突破传统范畴的多角度、全方位的深度协作，意味着京津冀相关职能部门、各级各类学校、教育研究机构和社会组织等不同类型、不同性质的各方机构，基于行政视角—研究视角—实践视角的协同，教育政策—教育制度—教师实践等不同层面间的协同，学校教育—社会教育—家庭教育等多种类型教育之间的协同，教师—家长—社会人士等多类主体间的协同，以及国内—国际教育实体间的协同。同时，协同合作应共赢互利，建构协同运作机制。"创新"则要求京津冀教育协同发展要以进行教育体制改革，建立现代学校制度为抓手，在办学体制与管理体制等方面实现创造性的突破，释放区域教育活力。

京津冀教育协同发展需要从供给侧改革视角破除京津冀教育协同发展障碍，探索构建京津冀教育协同发展运行之策，包括探索供给侧改革背景下京津冀教育协同发展运行路径和运行机制，构建京津冀教育协同的府际关系协调模式和法制保障体系等。

第一节　供给侧改革背景下京津冀教育协同发展运行路径

一、在供给主体上，多元共治、明晰权责

第一，树立多元主体共治理念，细化供给主体。首先，京津冀教育协同发展要改变过去那种单一性的供给结构，创设丰富多元的供给侧结构，构建混合型供给模式。《京津冀协同规划纲要》指出："疏解的原则是：坚持政府引导与市场机制相结合，既充分发挥政府规划、政策的引导作用，又发挥市场的主体作用。"对于教育领域的疏解，一方面，坚持教育的公共利益属性，坚持政府在教育公共服务中的主导作用。另一方面，拓宽供给渠道，积极吸引社会力量投资兴办教育，解决公办教育力量不足、供给模式单一的问题，以满足多元个性化教育需求。其次，京津冀在不同的教育层次类型中扮演着不同的动态的供需角色，整体而言，北京作为教育资源优势方是供给主体，而天津、河北作为对应的承接与需求方，天津在职业教育方面也可作为北京、河北的供给主体。供给主体又可具体细分为政府、市场、学校、社会等，实现多元主体的互律发展。

第二，建立机制，明晰各主体权责关系。一是，进一步明晰从中央到地方各级政府的教育主体责任机制。在教育政策制定、教育空间布局、教育资源配置和教育治理方式等供给方面深化改革，优化供给侧教育结构。二是，建立市场供给教育的合理回报机制，坚持教育公益性与市场机制发挥作用并不冲突，吸引市场投资教育可以更好地满足学生的多元个性化教育需求。三是，学校教育作为教育的主要而具体的供给端，建立不同层次类型、学科专业的区域学校之间的合作交流机制、与区域经济社会发展契合的调整机制。四是，建立社会依法参与和监督的长效机制，通过建立健全制度，让社会各界广泛参与京津冀教育政策制定、实施与评估的全过程，体现教育的公益性和公平性，提高教育协同的质量与效率。

第三，建立专门的负责部门。京津冀教育资源协同发展和资源共享不仅是

国家战略下的行动，也是涉及三地不同部门的行动。影响跨行政区域发展的重要原因是区域之间缺乏强有力的执行主体。京津冀的教育资源共享是在三地现有资源存量的基础上进行的改革，和增量改革不同，涉及的相关利益主体和协同共享主体更加复杂，首先应该设立"京津冀教育协同发展小组"，并在小组下设立"京津冀教育资源共享小组"负责共享中的信息协调和沟通等工作。基于对京津冀三地教育资源分配失衡和三地在共享中存在的社会历史因素、行政体制因素及利益竞争因素的分析，有必要建立负责三地协调和沟通工作的专门部门，完善三地之间的沟通协调机制。尤其对河北省政府及河北的学校而言，对平等的协商沟通交流机制的需求更为迫切。在"京津冀教育资源共享小组"的指导下，通过协调机制，平衡三地的治理主体和协同共享的利益主体之间的利益，在国家政策的指导下，统筹规划三地的人力、物力和财力资源，通过资源整合和资源共享，实现各地政府和各方治理主体的利益最大化。

二、在供给内容上，调整结构、提升质量

进行京津冀教育供给侧结构性改革，需要就教育合作发展总体规划、教育资源的优势互补、教育布局结构的优化、教师队伍的交流合作等方面进行顶层设计，促进教育质量提升。不同的教育层次类型，供给内容侧重点不同。

在基础教育层面，京津冀三地主要差距在师资，重在建立京津冀基础教育教师合作交流提高的长效机制，促进区域基础教育优质均衡发展。师资资源是基础教育中的重要资源，也是京津冀三地教育质量拉开差距的关键因素，因此也成为三地共享的关键资源。

首先，制订三地教师整体提升计划，搭建师资培训交流、远程对接等各种合作交流平台，提升师资和教育质量，实现教师共赢发展。通过对京津冀基础教育师资资源共享现状和问题的分析发现，目前优质教师资源集中在北京和天津地区，河北相对缺乏优质基础教育的师资资源。需要在京津冀区域城市定位的变化、产业转移、人口疏解、公共服务机构外迁的过程中逐步打破三地的行政体制壁垒，让京津两地的优质名校和师资资源在河北地区发挥其示范和引领作用，发挥辐射和带动作用。河北省需要不断提升自身优势，为吸引优秀师资提供发展平台，提升自身基础教育水平和能力。河北可以通过名校办分校、政

府购买教育服务等多种形式吸收京津优质教育资源，让自己受益，提升基础教育质量。

因此需要做好以下几个方面的工作：第一，加强三地基础教育学校校长、教师教育培训的合作机制。在合作的方式上采取不同阶段的相互挂职锻炼，例如少则三个月，多则半年或一年，实地研究与实践锻炼，深度学习培养。在优质学校建立培训提升平台，派入学习校长担任校长助理，犹如"影子校长"，一面助理学习，一面代表校长作出某些决策，以提高校长领导力，逐渐形成制度。第二，三地都有着不同形式的校长教师培训项目，在主要的培训过程和开展重要的培训活动时邀请其他两方积极参与，以相互了解、信息对称，协调统筹各方培训目标与要求，并通过不同的评价方式对培训结果进行考评，促进培训目标的实现，达成培训目的。第三，在政策和制度保障下，努力实现区域内优秀师资的互聘和连聘，也就意味着河北可以通过区域内便利条件聘请京津两地的优秀教师作为兼职教师。通过区域内学校之间优秀教师互聘，共享京津两地的优秀教师资源。需要注意的是，在聘请其他优秀教师的同时，鼓励本校教师学习优秀教师的先进经验和做法，提高自有教师的业务水平。同时还需要不断提升自身竞争力，想办法留住优秀教师人才。

其次，应建立区域内师资资源长效共享机制。通过区域内师资资源的共享，以先进资源带动边缘和落后地区师资水平，提高区域内师资资源的使用效率，促进区域教育共同发展，共同提高，促进资源的共享合作。在共享机制的指导下制订师资资源共同提升计划，通过优质师资培训计划、区域内优秀教师互聘计划、三地基础教育学校校长共同交流培训计划、区域内教师轮岗挂职锻炼计划等，进行统一的安排和统一的培训，实现区域内优质师资共享，达到区域内教师质量共同提升的最终目的。

共享机制的实现，需要政策和制度作为保障，要完善共享中的教师激励制度、教师职称评比及评价制度等。如参与共享或者在人口疏解承接地工作的教师在职称评比中可以给予政策上的倾斜，这些都是促进共享机制长效发展的重要保障措施。通过以上措施，利用师资资源共享的长效机制，做到内外兼修，实现师资资源共享收益的最大化，促进区域基础教育质量的提升。

在职业教育层面，完成布局优化与专业结构调整，探索中高职培养新模式。

　　首先，结合区域产业发展规划对职业教育的整体布局优化，探索同行业跨区域集团化办学模式，构建突破办学地域、有利于产业互补的培养模式。通过人才培养和用人单位的地域性分离，打破产教融合、校企合作的地区界限，提升职业人才培养质量。京津冀三地基础教育资源共享是一个长期的、综合的复杂工程，需要从京津冀教育全局的角度对三地教育资源共享进行顶层规划，进行时间安排和规划进展。三地资源共享的规划方案需要立足三地教育现状，科学合理地规划未来资源共享的目标。同时，资源共享的规划方案还需要结合教育发展规律和三地教育质量的整体提升，以合作协同共享的方式实现京津冀区域基础教育水平的整体提升，进一步提升京津冀区域的竞争力和优势，把京津冀区域建设成教育资源共享的示范性区域，把京津冀区域的经验在全国推广。

　　其次，根据京津冀区域产业结构与用工需求，调整职业教育学科专业布局。积极与相关产业深度合作，充分发挥各地区比较优势和绝对优势，促进三地职业教育的优势互补发展。建立京津冀职业教育协同招生与自由就业、统一培养标准与实习实训等发展机制，培养适应京津冀经济社会发展的各种专业技能型人才，促进职业教育协同发展。第一，需要对京津冀三地基础教育资源共享的时间路线进行总规划，编制时间路线图，包括三地基础教育资源共享的依据、未来目标和愿景、需要哪些政策和制度的配合，未来三年、五年、十年、十五年甚至更久的进度和安排是什么，需要通过协调哪些资源来进行共享等内容。总规划要体现区域内三地基础教育资源的特点和诉求，根据三地的各自特点、诉求和优势进行共享。第二，京津冀三地在总规划的指导下作出自己的分规划，分规划要和总规划的步调保持一致，在分析自身劣势和优势的基础上思考如何能实现总规划的目标和愿景。总规划和分规划是相互影响、有机统一的，通过总规划和分规划，作好京津冀三地基础教育资源优势互补共享，共同促进区域内基础教育优质均衡发展目标的实现，满足区域内不同利益主体对优质基础教育资源的需求，促进区域基础教育水平和质量的整体提高，达到均衡、协同发展。

　　再次，在高等教育层面，统筹规划京津冀高等教育布局，协同创新，合作共赢。第一，建立高等教育合作平台，实现功能互补。由于北京的饱和状态与外溢效应，部分高校与科研院所需要在天津、河北寻找承接载体进行功能疏解，寻求新的战略发展空间。北京高等教育不是简单粗放型的功能疏解，应该形成适应区域经济社会发展的、学科结构合理的、功能互补、协同创新、合作共赢的高等教育区域发展新格局。北京作为高等教育高端合作的核心功能区，天津作为职业教育发展平台和科技创新合作平台的核心功能区，河北作为高校产学研协同基地和成果转化基地的核心功能区。第二，积极开展产学研协同创新，努力探索京津冀区域高校、科研院所与企业跨地区的协同创新模式。第三，加强京津冀区域高校校际的务实合作。探索校际联合培养模式，大力推进协同育人体制机制，建立学校人才互通机制等，实现协同育人目标。

三、在供给方式上，精准供给、满足需求

有效供给不足的解决途径主要在于增加供给的精准性、有效性和创新性。京津冀教育供给需要从简单粗放型低端供给转向优质化、多元化、个性化的中高端精准化供给，从满足补充性需求为主逐步过渡到满足选择性需求为主。

去除区域、层级、类型等各种壁垒障碍，让不同类型、不同阶段、不同区域的教育结构合理化。根据不同的教育服务类别，分类分层，精准供给，满足不同群体的多元教育需求，以利益分享机制和利益补偿机制完善跨区域教育供给。一是，在基本公共教育服务领域，找到各方利益契合点，通过政府创设有利的政策条件，建立长效合作机制，提供高质量、有特色的教育服务。二是，在非公共教育服务领域，增加政府购买服务的内容和范围，鼓励民办教育的发展，促使其提供多样化、高品质、可选择的教育服务。三是，创新多种疏解方式，尤其是高等教育，可以通过如整体或部分院系搬迁、办分校、集团化办学、组建京津冀学校合作联盟等，促进优质教育科研资源共享。教学、科研和服务社会是大学的三大功能，而在科技发展突飞猛进的现代社会，大学服务社会的功能越来越彰显出其独有的作用，通过科研成果转化服务社会。在科技创新和推动产业发展领域方面，大学所作出的贡献已经无可替代。因此，从全球范围看，高水平大学大多设立专门的成果转化机构，以此帮助专家学者将科研成果转化到生产领域。这样既为专家学者腾出了更多的时间用于科研，又有利于在短时间内将研究结果投入生产，转化为生产力。这不仅能够产生较高的经济效益，更能为社会提供更丰富的产品和更加便利的生活。

京津地区部属和市属高水平大学数量较多，学科齐全，可积极联手河北省的大学，组建专题团队，共同开展科研工作和成果转化工作，这在提高河北省大学的科研能力和疏解首都人口方面都将具有重要的作用。河北省地域虽然广阔，但在河北省一些科技相对发达的城市设立大学科技园、高技术产业园区和孵化基地却有着得天独厚的条件，如紧邻北京和天津、地理位置临近、交通便利等。因此，把河北省建成成果转化中心，北京依旧可以保持研发中心的地位，而且这既有利于河北省的科技发展，又有利于把京津地区部分大学的功能延伸到河北，使得一部分产业一开始就在河北产生和发展，从而疏解首都的非核心功能。

创新"教育＋互联网"合作方式，拓展三地交流与合作的时空，优化对学生个体的精准服务，扩大有效供给。随着网络信息技术的不断发展，"互联网＋教育资源共享"的方式越来越受到重视。利用网络信息平台可以打破时间和空间的限制，在促进优质教育资源共享中具有独特优势，可以促进区域教育质量共同提升，实现教育公平。在京津冀教育资源共享中，仅依靠有形的师资资源、基础教育设备设施资源、跨区域学生交流活动等形式共享具有一定的限制和约束条件，需要在有形的资源共享基础上，逐步加强到以数字网络信息基础为载体的资源共享方式，提高共享效率。通过"互联网＋教育资源共享"的共享方式，不同学校之间的学生借助"互联网＋"共享到优质教育资源，通过线上教育资源共享区域内优质教育资源，实现区域内教育协同发展和共同提高的目的。

完善"互联网＋教育资源共享"方式将大大提高京津区域资源共享的效率，进一步促进区域教育协同发展，使京津冀教育协同从低级阶段的主要依靠师资、硬件资源等有形要素作为核心层，逐步转化到以信息、技术、管理等无形要素作为核心层的中高级阶段。一方面，建立优质教育资源数据库，建立众创众享教育体制机制。通过优质教育集团化、优秀师资交流互派、优质学科专业联动发展等方式，众创教育合作发展新模式。另一方面，通过优质教育互联网化，在互联共享中扩散优质教育，实现区域间、体制内外、线上线下的联动，拓展教育时空，让京津冀区域更多学校、更多学生享有优质教育资源。

京津冀"互联网＋教育资源共享"的建设，首先，要以满足人们对优质教育资源的需求为目标。目前虽然京津冀三地已经建设了教育数字云课堂，但后续还要不断完善开发"互联网+"的教育资源共享平台。在京津冀区域内，河北的资源配置相对落后，尤其是一些比较落后的地区，由于师资的缺乏，一些素质教育课如音乐、美术等缺乏专任教师。通过"互联网+教育资源"共享平台提供的优质教师的优质课件，学生就可以随时学习。通过信息技术手段，整合京津冀三地优质教育资源，为京津冀三地教育阶段学生和老师提供多样化和内容丰富的学习和教学资源。

其次，"互联网+教育资源共享"的建设坚持政府主导。现阶段政府在三地的资源共享中起着主导作用。政府作为公共服务的主导者，在教育的公共服务提供中也占据主导地位。

再次，以协同治理理论为指导，在政府为主导的情况下，鼓励不同治理主体的参与。"互联网+教育资源共享"是一个复杂的工程，涉及平台建设标准和技术标准等问题，鼓励多方参与，重要的是要建立资源平台的共享机制和问题解决机制，需要不同治理主体如企业力量和资本参与。通过多方力量的参与，完善"互联网+教育资源共享"的多样化服务，共同提高"互联网+教育资源共享"平台的共享效率和共享效果。

最后，把控网络平台的共享资源的质量，保证共享资源的优质是资源共享的前提和基础。为了提高共享资源的质量，可以通过制定教师的表彰或奖励的激励机制，鼓励优质原创、创新资源的上传。

四、在供给环境上，提供保障、承继文化

《中国大百科全书（环境科学卷）》中指出："环境是指围绕着人群的空间，及其中可以直接、间接影响人类生活和发展的各种自然因素的总体。"京津冀教育发展需要通过各种物质的、文化的、制度化或非制度化的教育环境影响，作用于教育协同发展。

第一，健全法规政策，供给良好的法制环境。随着京津冀协同发展重大国家战略顶层设计的完成，根据"重大改革于法有据"的精神，区域教育协同发展需要有共同遵守的制度规则、科学完善的法制保障，发挥其引领、协调和保障作用。因京津冀教育协同发展牵涉中央政府、地方政府与学校等各个层面的多重法律关系，需要综合研究相应的法规政策、规章制度，提出京津冀地区教

育协同发展法制保障体系的整体构想，确保目标一致、步伐有序、合作共赢。完善纵向政府间协同共享的责任机制。各级政府作为协同共享的主体，需要在政策的制定、资源配置等方面不断优化改进。

第二，改革教育财政供给体制机制，提供良好的物质环境。只有通过改革创新京津冀区域教育财政供给体制机制，才能为区域教育合作项目、协同创新基地、学校环境建设等提供充足的资金保障，为教育资源配置、师资培训交流、学生联合培养等提供资金支持，促进京津冀教育的科学有效供给。建立成本分摊和利益补偿机制，在京津冀教育资源共享的实践过程中，涉及不同地区政府和其他协同共享利益主体的利益分配、成本分摊等一些具体问题，协同治理下的不同共享主体应在地位平等、话语权平等的基础上平等协商解决，达成共享合作。不同的共享学校之间，在协同治理理念的指导下，根据自身在共享中的作用和实际，分摊共享中付出的成本。在具体合作过程中，要兼顾各方的利益，还需要建立利益补偿机制，保证利益受损的一方得到补偿，确保共享过程中各方的利益，实现区域内合作共赢、共同提高教育质量的目的。

第三，承继独特文化基因，构建多元文化环境。文化是人类社会相对于经济、政治而言的精神活动及其产物，分为物质文化和非物质文化。文化，既可以自发形成，也可以自觉建设和营造。不同学校的自然条件、校园环境和文体设施等物质环境建设，不同的育人主题，都孕育并体现出不同的人文环境，形成不同的文化基因。文化基因是指相对于生物基因而言的非生物基因，主要指先天遗传和后天习得的，主动或被动，自觉与不自觉而置入人体内的最小信息单元和最小信息链路，主要表现为信念、习惯、价值观等。京津冀三地学校在有序疏解、协同发展过程中，各学校长期形成的各具特色的校风校貌、学风教风等文化基因，不能简单移植或者复制，需要承继与创新，形成多元的文化环境。

第二节　供给侧改革背景下京津冀教育协同发展运行机制

供给侧结构性改革，就是从提高供给质量出发，用改革的办法推进结构调整，矫正要素配置扭曲，扩大有效供给，提高供给结构对需求变化的适应性和灵活性，提高全要素生产率，更好地满足广大人民群众的需要，促进经济社会持续健康发展。实现新时代国家重大战略，供给侧结构性改革是主线和根本出路。

在京津冀协同发展国家重大战略实施的过程中，教育协同起着基础性与先导性的作用。京津冀教育协同发展供给侧改革担负着京津冀地区为推进国家战略提供人才支撑和智力保障的重要功能，其重要性尤为突出。当前，通过三地政府主导、教育主体自发组织等形式，已实现了一些资源共享与交流活动，但因三地的管理体制、合作机制及基础资源不配套等原因，京津冀教育协同仅停留在初级阶段，合作机制与发展路径尚不明确。建议京津冀教育协同以顶层规划为统领、长远共赢发展为原则，遵循京津冀教育供给侧思维逻辑，在政府主导下探索建立合理清晰的京津冀教育协同发展策略与机制，最终实现三地的教育协同发展。

一、建立以制度创新为导向的教育改革激活机制

在京津冀基础教育协同发展和资源共享中，政策是指路灯，制度是内容的安排和保障，是教育资源共享项目长久运作的保证，也是共享政策落实和执行的保障。相关制度可以把三地基础教育资源共享的目标、愿景、规划、共享各方的权利和义务明确下来。由于京津冀三地基础资源共享还处在初级探索阶段，制度建设有待完善。从制度完善和制度变革的角度分析，在三地共享的制度上应建立并完善相关的教育财政投入制度、师资资源共享制度、共享结果考核评价制度等，通过制度的完善激励相关协同共享主体共享的主动性，推动三地协同共享的进度，保持长期持续共享，促进区域整体教育质量的提升。

第一，建立"决策层—协调层—执行层"的三级领导体制。京津冀教育协同发展涉及三地政府、教育主管部门及各级各类教育主体，要想实现三地间教育的改革重建与布局优化，突破点在于体制机制的创新上。应建立"决策层—协调层—执行层"的三级领导体制，由国务院组建京津冀教育协同发展领导小组成为决策层，由三省市教育厅委联席会议成为协调层，由区域内城市间协调

会成为执行层，从而构建和完善三地教育协同发展的治理体系。[①]

第二，完善政府间的责任机制。各级政府作为协同共享的主体，需要在政策的制定、资源配置等方面不断优化改进。在协同治理理论的指导下，多样化协同治理的主体，改革完善京津冀区域现行教育财政供给机制，完善市场参与基础教育资源供给的渠道和机制，满足共享对物质环境的需求。通过完善的多样化的资本和财政供给机制改革，为京津冀区域跨区域合作办学、师资资源的共享合作交流、跨区域学生交流共享活动提供财政机制上的支持。如在现行的河北共享北京优质名校资源、合作建分校的过程中，充分利用市场资本参与其中。通过多样化的供给策略制度创新，促进教育改革，满足需求主体多样化的需求。

第三，完善资金规划制度。改革运行机制，在财政保障的前提下增加地区间的横向转移支付，加快区域内教育服务的社会化与市场化，合作设立专项教育发展资金，建立高层次的合作协调机制、一体化的监督与激励机制。在京津冀基础教育资源协同共享中，必须完善纵向政府间和横向政府间协同共享的资金安排和规划机制。根据三地共享机制，从中央政府到地方政府，需要根据共享的实际对资金进行统一规划和协调，建设可以共享的公共教育设施，通过共享避免教育设施重复建设问题、建设资金及其他资源浪费，实现不同利益主体和协同共享主体的利益最大化。通过统一的资金规划机制还能均衡区域内不同学校之间的资源，兼顾区域内不同学校的利益，实现区域基础教育共赢发展，这也是协同治理和政府间合作协同共享的关键问题。

第四，建立成本分摊和利益补偿机制。在京津冀基础教育资源共享的实践过程中，涉及不同地区政府和其他协同共享利益主体的利益分配、成本分摊等一些具体问题，协同治理下的不同共享主体应在地位平等、话语权平等的基础上平等协商解决，达成共享合作。不同的共享学校之间，在协同治理理念的指导下，根据自身在共享中的作用和实际，分摊共享中付出的成本。在具体合作过程中，要兼顾各方的利益，还需要建立利益补偿机制，保证利益受损的一方

---

① 高兵. 京津冀教育协同发展的现代化路径探索 [J]. 教育理论与实践，2015（22）：18-22.

得到补偿，确保共享过程中各方的利益，实现区域内合作共赢、共同提高教育质量的目的。完善的共享机制是京津冀教育资源共享长久运行的保障，也是协调区域协同共享治理主体和客体的桥梁。

二、建立以人口变化为导向的教育规模调节机制

根据京津冀 2010—2017 年人口数据，通过对该地区总人口及其人口自然增长率的分析发现，2010—2017 年河北省总人口增加了 325.52 万人，增长率 4.5%，北京总人口增加了 209 万人，增长率 10.65%，天津总人口增加了 257.58 万人，增长率 19.8%，京津地区人口增长率明显高于河北人口增长率。参考三地人口自然增长率，2010—2017 年间，河北人口年均自然增长率 6.39‰，高于北京人口年均自然增长率的 3.98‰ 和天津人口年均自然增长率的 2.16‰，因而河北地区人口自然增加的数目大于京津地区人口自然增加的数目。但考虑到京津冀三地人口增长率的差异性，说明流动人口在促进京津冀地区人口增长尤其是促进京津地区人口增长中发挥了重要作用。相比于河北，流动人口往往选择流入京津地区，以至于出现了京津冀地区人口流动不均的现象。

针对京津冀地域流动人口分布不均的现状，三地可以构建流动人口交错联系网，促进"流动人口一盘棋管理"的形成，在此基础上创立和完善流动人口综合治理和信息反馈制度，开展专项工作。利用人口互通联系网定期分享京津冀地区人口流动现状，从而为京津冀地区人口合理流动提供对策建议。利用流动人口综合治理和信息反馈制度，实时反馈流动人口在城市中遇到的疑难问题以及不公平待遇等问题，为其提供解决问题的途径。通过人口交错网引导流动人口在京津冀内部的转移，尤其是促进北京、天津流动人口向河北地区的转移，顺应京津冀协调发展的大势。

北京、天津在保持现有经济社会发展水平上，应合理地控制流动人口或者促进城区人口有序转移，缓解城市压力。河北省应把握京津冀协调发展战略这一重要平台，11 个设区市应加快经济转型发展，以中心城市为核心，完善中心城市职能，提高中心城市集聚、辐射能力以及对流入人口的空间承载能力。以县域经济为辅助，激发县域对流动人口的重要分散、疏导作用，全方位提高人口吸纳能力。增强河北人口流入量，促使京津冀地域流动人口的均衡分布，建

立以人口变化为导向的教育规模调节机制。

根据京津冀人口流动情况，建立以人口变化为导向的教育规模调节机制。环京津贫困带存在大量的农村剩余劳动力，有调查显示，北京市外来人口中约有 22% 来自河北省，大部分是农村剩余劳动力，且这些人口中有 75% 会带随迁子女进京读书。[①] 首都作为大规模人口城市，必须严控人口数量，采取措施在环京津地区形成人口截流。此外，应对为京津地区生态环境起支撑作用的环京津贫困带建立相应的补偿机制作为回报。故该区域有动力建成"环京津贫困带"跨区域教育补偿机制，通过开展职业教育，提高当地人口的职业素质，从而达到扶贫的目的；通过推动基础教育跨区域协作发展，确保该地区农民工子女接受高质量的教育。此外，北京要通过对教育布局的有效调整，疏解中心区人口，从而使教育成为北京补偿周边地区的途径之一。

三、建立优质教育资源共建共享机制

可供共建共享的教育资源包括有形资源和无形资源。有形资源主要包括人力资源、物力资源和财力资源等。无形资源主要是指优质名校资源、数字资源和网络资源。京津冀教育资源存在失衡现象，而建立优质教育资源共建共享机制是推动该区域教育一体化进程的有效切入点。现阶段无形资源的共建共享是京津冀三地教育资源共建共享的主要方式，可以打破时空的限制，最大限度地提升效率。京津冀教育资源存在失衡现象，而建立优质教育资源共建共享机制是推动该区域一体化教育进程的有效切入点。完善的共享机制有利于三地优质教育资源共享进程的顺利推进。

根据协同治理理论的模式和京津冀协同发展现状，现阶段需要政府主导进行治理，协调三地基础教育资源的共享。为了三地教育资源共享项目的顺利执行和实施，必须依靠政府来行政主导进行科学合理的顶层设计。应基于国家战略和京津冀区域整体发展的利益，作好跨区域的和战略性的顶层设计。

空间布局是京津冀功能定位在空间上的具体体现，也是优化资源配置、实

---

① 高兵. 京津冀教育协同发展的现代化路径探索 [J]. 教育理论与实践，2015（22）：18-22.

现协同发展的重要基础。经反复研究论证，确定了"功能互补、区域联动、轴向集聚、节点支撑"的布局思路。京津冀教育协同和资源共享机制应以国家转型发展升级和区域协同发展为重点突破口，突出优势互补、良性互补和合作互补特性，发挥京津冀地缘相接、人员相吸和人员相同的先天区域优势，并在优化现有三地教育资源共享平台基础上，重点突出区域发展的异质性以及区域产业转型升级的需求，重新定位京津冀三地政府相关部门、教育主体单位和区域产业在京津冀教育科技资源配置中的地位，充分发挥北京在京津冀都市圈的增长极效应，最终实现京津冀教育资源有序、协调和可持续发展的目标。重点发挥北京和天津两地科研和学科建设当中的既有优势，以从根本上提高三地教育协同发展当中的关键性缺失环节。

京津冀横向政府间签订合作治理协议。在《规划纲要》政策支持下，京津冀横向政府间签订了诸多教育领域的合作治理协议，在协同治理的主体、手段、形式上进行合作和协同共建共享。利用信息技术实现优质教育资源共享，构建文献资源、教学资源库、教育人员培训基地、大型贵重仪器设备等的共享。建立师资培训基地，定期为教师提供进修和讲座，选拔优秀教师到学校、政府等单位进行访学与研修，同时还可以通过开展订单培养、委托培养等多种人才联合培养形式。成立区域性的建设协调机构，在各个层次上组织和协调区域内各类型教育资源的建设，同时，让政府出台《京津冀区域教育资源共建共享管理规定》，由三地政府机构出面设立"京津冀区域教育资源共建共享"工程委员会，下设各类型资源共建共享承办组织。以高等教育为例，可以建立京津冀区域高等教育发展的官方协调机制，下设管理工作委员会和专家咨询委员会承担起协调规划、管理等职能，积极整合区域内优质资源。

京津冀教育资源共享小组负责三地教育资源共享的整体规划、共享政策的落实和监督、资源共享项目的安排和实施、共享经费的投入等，防止在资源共享过程中部分学校和地区为了自身利益最大化而忽略京津冀三地教育资源共享和教育协同发展的大局。为了更好地促进三地教育资源的共享，建议建立京津冀教育资源共享的"联动会议制度"，三地的相关负责人定期举行会议，监督三地共享的现状和存在的问题。在国家政策和"京津冀教育资源共享小组"的协调指导下，实现三地教育资源共建共享、协同共享的目标，达到"1+1+1>3"

的共享共赢效果。这是京津冀三地协同治理教育资源共享问题的关键。

四、建立以产业调整为依据的教育转型升级机制

根据 2019 年各地区人均生产总值排名情况可知：北京人均生产总值达 164220 元，位居全国第一；天津人均生产总值 90371 元，位居全国第七；而河北人均生产总值仅 46348 元，远低于全国人均国内生产总值 70892 元。

由此可见，北京市与天津市的人均 GDP 均居全国前列，但河北省由于以粗放型的高消耗、高污染、高投资的经济发展方式为主，经济相对落后。从整个城市群来看，北京有疏解而少辐射，也就是依然对周边地区缺少经济发展的辐射带动作用。出现这种情况的直接原因是北京第二产业的比重已经很小，与河北的经济联系缺少途径。另外，天津经济最近几年增长缓慢，对协同发展有一定影响。这种衰退与近年来政策上对天津滨海新区支持不够有很大的关联。而河北产业结构仍然存在问题，传统制造业占据主导地位的现状没有变化，创新能力尚有不足，新兴产业的进入缺少良好的配套条件，所以，传统制造业下降的同时，高新技术产业等现代制造业并没有过多进入，而是用第三产业来补充第二产业产值的下降。

从产业结构来看，"北京的第三产业发展较好，天津的第二产业与第三产业的发展比较均衡，河北省虽有比较好的工业基础，但第三产业发展严重不足。京津冀地区第二产业的比重增长较慢"[①]。三地产业结构的不同，决定了其对人才的需求也不同："北京市主要以文化、信息等服务业为主，对人才的需求主要集中在教育、艺术、文化科学等领域；天津市的第二、三产业发展相对均衡，故人才需求主要集中在现代交通、装备制造、国际商务、电子信息、金融财会等方面；河北省资源丰富，工业基础较雄厚，对人才的需求主要集中在物流、交通运输、医药、石化等方面。"[②] 通过对三地人才需求的定位，在高校资源的配置上可以最大限度地避免高校重复设置专业，实现专业设置、人才定位与地域的对接，最大限度地实现京津冀区域的协同发展。

---

① 王世斌．关于京津冀教育协同发展的思考 [J]．天津市教科院学报，2014（3）：7-8.

② 桂邵明．京津冀人才发展一体化的思考 [J]．第一资源，2011（3）：11-30.

五、创新京津冀人才培养体制机制

人才培养的协同在一定程度上能够推动京津冀教育一体化进程，破解封闭式的区域人才培养体制机制，解决同质化与低效率的人才培养制度。以高等教育为例，探究服务京津冀区域人才培养模式，需要高校结合京津冀三地的功能定位、产业结构与人才需求，对自身办学进行明确定位，从而建设高校资源共享平台，实现教育资源与科研资源的共享。北京高校需要将办学方向明确为培养领域内创新型领头羊，在疏解转移部分教育资源的基础上，对于京津冀区域内高等教育的协作发展，起到积极的促进作用。天津市由于企业比较集中，能够较好地实现资源的转移与对接，因此，天津区域高校教育办学方向主要是金融、管理与物流。河北省具有丰富的劳动资源，是服务外包与现代高新技术配套产品的专业加工基地，因此，河北省高校办学方向可以是服务业与现代工业。此外，京津冀地区还需要对三地高校科研资源进行整合，为高校协同发展提供资源共享平台，针对高校科技成果进行京津冀科研数据库的打造，并对协作高校内部人员开放，方便教师与学生的使用，为师生提供交流研究探讨的平台，从而提升人才的科研创新能力，使其能够更好地服务区域发展。①

应充分发挥人才的第一资源作用，通过挂职、交流、引进、互派、兼职等多种方式，推动京津优质人才对河北的帮扶带动。要建立长效机制科学制订选派干部教师的数量、范围、结构、周期等工作规划，要将干部挂职和教师交流纳入选拔培养管理人才和业务骨干的重要条件，并不断完善组织管理，加强考核激励，确保交流干部教师全身心投入工作。推动干部教师跨区域流动任职。此外，京津冀教育人才交流共享以高层次（教育）人才为重点对象，而高层次人才具有稀缺的特点。在高层次人才合作中，京津冀三地加强合力引才力度和柔性共享机制建设，共同打造高端人才聚集区，提高高层次人才的贡献率。教育领域的高层次人才同样如此。②

① 魏颖.从高等教育结构视角探究服务京津冀区域人才培养的模式 [J].当代教育实践与教学研究，2019（14）：100-101.

② 曹浩文.京津冀教育协同发展战略构想与实践探索——"区域教育一体化与京津冀协同发展"主题论坛综述 [J].北京教育（高教），2016（1）：19.

六、健全京津冀教育协同联动合作机制

京津冀教育联动合作机制就是指京津冀三地教育相关部门、机构为推动该区域教育的协调发展而对教育体制与制度的重新整合，以促三地教育的有效对接。

第一，三地可以构建京津冀教育协同发展组织。如京津冀师范大学联盟、京津冀跨区域教育集团等，并在已有经验的基础上不断探索和创新，力图各方面的合作共赢，此时已经不需要政府一直发号施令，因为协同发展在认识与行动上都已经成为常态，更重要的是，激进的推进方式开始转变为渐进的方式。

第二，建立健全京津冀教育协同发展机制，区域内不同层级的公共教育服务要联合起来，携手并进推动三地教育的发展。

首先，基础教育应以先进带后进，共赢促成长，促成基础教育内部学校规模、师资培养、教育考评方式等的共享合作。京津两地可以制订"特级教师""优秀校长"赴河北省讲学计划；制订"姊妹校"合作计划，选择北京市、天津市部分中小学与河北省中小学建立对口合作、双方交流的长效机制；采取京津分工、组团发展模式解决"环京津贫困带"基础教育发展问题。针对企业外迁具体情况，依托天津市、河北省在企业迁驻地建设优质基础教育学校，向教育部申请异地注册学籍政策，妥善解决迁出企业职工和其他人员子女随迁就读问题。采取有力措施支持北京市、天津市高校毕业生到河北中小学任教，充实河北省基础教育师资队伍。

其次，促进区域内高等教育资源协调发展，创新高校、科研院所与企业的跨地区产学研模式，构建区域内普通高校间的跨校选修与学分认可转换制度等。区域高等教育协同发展是实现教育资源优化配置、保障资源利用最大效益、促进区域高等教育高质量发展的有效途径。我国区域高等教育发展长期存在着区域间优质高等教育资源非均衡发展、学科设置与区域产业结构转型非协同发展、高等教育数量与质量非对称发展等结构性矛盾，严重阻碍了区域高等教育实现支撑区域创新驱动发展作用的发挥。通过分析我国区域高等教育发展结构性矛盾产生的主要肇因，客观借鉴美国区域高等教育协同发展经验，可先试先行"雄安新区高等教育协同发展"制度设计，坚持"营造高等教育资源理性竞争生态、超前'对表'国家战略需求、强化'高质量发展'理念"的协同发展策略，

以期为促进解决我国区域高等教育长期存在的问题、助力区域创新驱动发展战略提供参考。

最后，京津冀职业教育布局调整与校企合作、产教融合问题。京津冀职业教育需结合产业布局整合盘活，有效发展跨区域同行业、同专业集团化办学，形成职业教育领域教师交流培训机制，实现京津冀不同地区间产教融合、校企合作，构建京津冀高职、中职学校的学分认可转换制度。[①] 有必要结合区域产业发展规划和用工需求对职业教育的整体布局进行优化调整，并以此为契机盘活廊坊东方大学城等历史遗留的不良教育资产。同时，有必要借鉴国内外职业教育办学经验，探索京津冀职业教育校企合作、产教融合的办学模式，构建突破办学地域、有利于产业互补的模块教学方式及教学实习贯通的培养方式，提升职业人才培养质量。

第三节　构建京津冀教育协同的府际关系协调模式

京津冀教育协同发展过程中府际关系的协调和整合是实现京津冀全方位协同发展的基础。京津冀教育协同应以顶层规划为统领、共赢发展为原则。从组织架构、文化重塑、制度建设、技术支撑等维度，构建一个高度协调、整合和网络化的京津冀教育府际关系协调模式，以探寻京津冀教育协同发展的实现路径。

京津冀教育协同发展过程中政府间协同以及政府间关系的协调和整合是实现京津冀经济、文化等全方位协同发展的基础。打破传统体制、机制的障碍和束缚，冲破地方资源、利益的固化藩篱，完善京津冀区域教育管理体制，构建起高效畅通的教育区域协作机制，探寻京津冀教育协同发展的实现路径。笔者试图从分析框架、制度与技术等方面对京津冀教育整体性府际关系协同模式进行构建，打造一个高度协调、整合和网络化的京津冀教育整体性府际关系协调模式。

[①] 孟繁华，劳凯声.京津冀教育协同发展的挑战与应对 [N].中国教育报，2015-01-09（007）.

在当前以省市级行政区划为基本单位的公共教育体制下，如何突破传统的行政区划间"各自为政"的教育运作方式，实现区域内教育事业的有效治理，成为京津冀区域教育优质均衡发展的关键"战略"问题，也为各级政府和教育工作部门至少带来了以下几个方面的重大挑战。

首先，如何构建科学的现代化区域教育治理体系，建立新型区域教育公共服务体系？京津冀教育协同发展需要从根本上明确中央政府以及三个地方政府的宏观治理者角色及其相互关系，提高政府之间的协同治理能力。此外，政府、学校与社会之间也应当构建起有机协调的发展模式。其中，政府简政放权，减少过多行政干预将成为关键。学校也应当积极发挥办学自主权，与灵活多样的社会资源一同全面深入地参与到区域教育改革与发展当中。

其次，如何实现三地教育体系的整体性重构，为经济社会发展输送充足优质的人力资源？目前，北京与天津的高等教育都在一定程度上存在优质教育资源过于集中，导致过度教育和文凭贬值的问题。然而，对于作为全国第六大人口大省的河北省来说，却还有相当潜力的人口红利有待发掘。京津冀地区的学校有必要大力加强产学研一体化，注重与不同产业的上下游联动结构相适应，使其人才培养和科学研究都尽可能地在产业链上充分发挥对经济与社会的促进作用。此外，高质量技能型人才的培养有必要采取产教融合、校企合作等实践取向的培养模式。这也就决定了京津冀地区的职业教育改革与产业结构调整之间的关系将会比其他教育领域更加密切，面临的挑战也更加艰巨。

最后，如何才能在保障产业功能疏解与人口迁转的基础上，促进京津冀区域教育均衡化发展，政府尤其需要解决为迁转人口配置优质教育资源的问题，满足其子女就近上好学的需求。

一、理顺多重府际关系，整体性治理

整体性治理理论的理念包括"协调""整合"和"网络化"，其为京津冀教育协同提供了完整的治理思路和框架。[①] 整合府际关系，使府际博弈走出"囚徒

---

① 韩兆柱，单婷婷. 基于整体性治理的京津冀府际关系协调模式研究 [J]. 行政论坛，
   2014（7）：32-37.

困境"，就必须树立府际双赢意识，意识到博弈的长期性，建立相互信任关系，构建奖惩、监督机制。依据和运用整体性治理理论，在横向、纵向以及斜向三个向度的多重府际关系形态下，构建协同共赢的京津冀教育府际关系协调模式。

根据博弈论对制度的合理解释，制度是基于参与者之间的策略互动而内生的，参与者之间想要形成最终的合作制度，必须针对他们之间的利益冲突，并在自愿、平等地协商的基础上形成规范利益分配的制度。由于城市群内各个政府都有各自的独特利益诉求和利益偏好，各个城市政府在追求本地区经济的发展中就会产生相互之间的博弈。城市群内政府要想取得双赢甚至多赢，并实现城市群整体利益的最大化，必须通过博弈产生的最优策略进行合作，而合作的实现离不开城市群内府际关系的协调。

第一，构建良性的中央与地方的纵向府际关系。政府是京津冀区域治理最核心的参与者和最重要的推动者。京津冀教育的协同推进必须依靠政府的力量，必须有政府的参与，并且政府应起主导作用，尤其是京津冀教育协同发展具体实践，跨行政层级的区域协同发展应由政府主导建立跨区域的高层协调机构，作好顶层设计，并逐步推动区域协调。跨行政层级的区域协同发展必须由政府主导并逐步推动，否则地方本位主义和条块分割的体制以及地方政府竞争主义天性的阻碍必然使得区域协同发展流于形式，举步维艰。

首先，责权明确是理顺纵向府际关系的出发点。京津冀教育协同是跨行政层级的区域协同，必须明确划分中央与地方教育行政部门的职责权限范围。在国家层面进行顶层规划设计，建立跨区域的高层协调机构，指导、统领和监督京津冀三地教育协同发展工作，逐步推动区域协调。《京津冀协同发展规划纲要》指出，要推动部分在京高校和教育培训机构有序外迁，但"搬哪些、往哪搬、谁来搬、怎么搬"的问题还没有明确；承接地和环京津贫困带地区的基础教育如何快速提升？职业教育布局和专业设置如何配合三地的产业调整实现差异化发展和优势互补？各级各类办学主体之间以及他们与地方政府之间如何开展合作？这些问题都需要站在国家层面进行顶层规划设计，希望中央尽快出台专门的《京津冀教育协同发展规划纲要》，以此指导和统领三地教育的协同发展工作。

其次，促进中央与地方教育行政部门关系民主化。在重大教育决策出台过程中，应该充分吸纳地方教育行政部门参与，并充分听取各地方的教育利益诉求。服务导向是纵向府际关系责权分割的主要取向。服务导向既是纵向府际关系责权分割的主要取向，也是处理横向、斜向府际关系的主要依托。在服务导向指引下，横向、斜向府际关系的理顺更多地以地区协作为表现途径。换言之，通过地区协作，使相关地区的资源得以优化、整合乃至分享，从而更好地体现为相关地区人民服务的宗旨。

最后，加强中央与地方教育行政部门关系法制化。应将中央与地方的职权配置和调整程序进一步法制化，使之具有充分的法律保障和约束。在明确划分中央与地方间职权范围的基础上，应该考虑将中央与地方政府间职权配置和调整程序法制化，使中央与地方政府间的领导、指挥、协调、约束和控制关系都有充分的法律保障和约束，而各级政府的职权也需要由本级人大授权并接受法律监督，重塑法律的权威与尊严，以促使中央与地方政府间关系走上法制化发展道路。

第二，重塑地方教育行政部门间横向府际关系。一方面，京津冀教育协同必须充分考虑区域间、区域内的教育协同发展需求，完善协作机制来促进区域间、区域内的教育协作与教育资源整合。另一方面，要重建地方教育行政部门间的博弈规则与合作秩序，必须从以封闭式地方保护主义为策略的资源竞争转向开放式制度创新为基础的制度竞争，形成以开放式制度创新为基础的制度合作，通过制度创新吸引教育资源，创新教育技术，促进教育发展。

第三，加强构建教育行政部门间的斜向关系。教育行政部门应在跨界的区域协同发展中起主导作用，充分鼓励和引导各级教育行政部门参与区域治理，进一步深化多中心教育行政部门之间的合作伙伴关系，实现斜向府际关系治理。同时，加强公私部门之间的合作，构建合作伙伴关系，提升区域教育资源的公共服务水平、质量和效率。在京津冀区域发展过程中要加强公私部门的合作，搭建私人部门参与跨界治理，即京津冀区域治理的公私部门合作平台。政府应在跨界区域协同发展中起主导作用，但仅有政府的力量进行跨界区域治理是远远不够的，需要区域内多种力量的平衡和协调发展，尤其是加强公私部门的合作。构建公私部门的合作伙伴关系，利益分享、风险共担，能够较好地为区域提供公共服务，提升公共服务提供的效率，在某种程度上也是区域府际协调效率的提升。区域跨界治理中公私部门的合作是一种治理体制的创新，为公民提供了更多样化的选择，重塑了京津冀三地政府服务、改革流程。应充分鼓励和引导私人部门参与区域治理，提升其治理水平和能力，进一步深化多中心治理主体之间的合作伙伴关系，重塑政府角色和权力结构，实现政府服务流程改造。

对于京津冀三地教育协同发展，依据整体性治理的理论框架，从横向、纵向以及斜向三个维度和层次在多重府际关系形态下，以及职能分工层面进行的府际关系协调整合，称之为京津冀整体性府际关系协调模式，亦称为京津冀区域教育协同发展的长效机制。从组织架构、制度建设、技术支撑三个角度构建京津冀整体性府际关系协调模式也是构建京津冀协同发展长效机制的必由之路。充分运用整体性治理理论，构建整体性府际关系，使府际冲突走向府际协同，府际竞争走向府际合作，府际关系碎片化走向府际关系整合化，打造整体性府际教育供给模式，实现府际整体性治理。整体性治理理论中"协调""整合"和"网络化"的治理理念为京津冀一体化提供了一个完整的治理机制和治理思路。

二、重塑传统的教育行政文化，协同共赢

行政文化是公共行政体系的深层结构与精神内核。[①] 教育行政文化是以一定的社会文化为背景，在教育行政活动中形成的，决定或影响行政参与者行为的特质、价值、原则与意义的一整套成型与不成型的内外规则的综合体。教育行政能够集中社会的物质资源、智力资源，确定区域教育发展的未来方向，综合利用区域各种资源，统筹区域教育的发展。要转变京津冀教育行政文化观念，由"封闭"型文化向"开放"型文化的转变，以促进京津冀教育协同治理的实现。

第一，打破行政壁垒，重塑传统的教育行政文化。若想真正实现京津冀区域一体化、实现京津冀协同发展，必须破除行政区划体制和行政区经济，打破行政壁垒。在观念、制度和行为等方面重塑良好健康的教育行政文化，实现区

---

① 李少惠. 无序之序：行政文化建构的新思维 [J]. 兰州大学学报（社会科学版），2011（7）：83-88.

域教育行政文化创新。

教育是关系国计民生的百年大计，教育的协同发展应立足长远，尊重教育发展和区域发展规律。跨界区域是一个兼具整体性、开放性和竞争性的有机协调系统，然而这个系统要想有序运行，则必须打破政府间的行政壁垒，促进区域内人才、资源、资本的自由流动，才能真正实现区域健康、有序地协同。对于京津冀协同发展现状而言，北京、天津应主动打破行政壁垒，破除行政区划思想，主动与河北对接，实行区域统一规划，分级、错位发展，避免恶性竞争形成的产业同构和产能过剩对区域经济的损害。

京津冀教育的协同发展不仅要尊重教育发展规律，更要尊重区域发展规律。京津冀应在观念、制度和行为等方面重塑良好健康的教育行政文化，实现区域教育行政文化创新。作为跨界区域，京津应首先消除行政区划思想，革新区域教育观念，打破教育行政体制壁垒，主动对接河北。以实现区域统一规划，分级错位发展，促进区域的人才、教育资源、资本的自由流动，真正实现区域健康、有序地协同。

第二，树立协同共赢的价值理念，打造利益共同体。思想认识是展开行动的基础与条件，价值理念决定行动方向。作为国家发展战略，京津冀教育协同要基于京津冀区域整体利益考量，树立利益共同体意识，明确"由利益转为协同"的价值理念，使京津冀教育府际博弈走出"囚徒困境"。

树立"由利益转为协同"的价值理念，从目标层面开启冲突转化的动机之窗。树立协作共赢和利益共同体意识，由以个体中心的零和博弈到以整体利益为中心的共生多赢。既要打破"一亩三分地"的本位主义，也要克服短期的功利做法和政绩诉求，要从国家战略和京津冀区域长远利益和可持续发展大局出发，树立协作共赢和利益共同体意识，将三地的思想认识、利益诉求、行动步骤等尽快统一起来，形成京津冀协同发展的合力。

北京与天津之间应逐渐消弭相互竞争带来的双方利益的损失，逐渐找准自身城市定位，实现京津发展对河北的"涓滴效应"，将梯度理论和错位发展相结合；河北在提升自身经济发展水平和经济发展能力的同时，努力做好承接京津产业转移的准备工作，让企业根据自身实际情况和梯度效应来自主选择向成本低廉的地区转移，为区域协同发展作出自身的贡献。河北在区域发展中最重要的一点就是改变自身发展过程中"等靠要"观念的桎梏，结合自身优势并结合京津冀区域发展统一规划进行主动性改革，从制度、体制机制层面优化区域发展模式，找准自身在区域发展中的定位，积极对接京津，主动转变发展方式，实现自身经济飞跃，改变京津周边"塌陷"的现状。

因此，在京津冀教育协同发展中，京津应明确自身教育发展定位，运用梯度发展理论，发挥京津教育发展对河北的"涓滴效应"，实现教育的错位发展和优势发展。河北在作好承接疏解非首都核心教育功能的同时，应打破教育发展中"等靠要"观念的桎梏，找准自身在京津冀教育协同发展中优势与定位，积极对接京津，主动转变自身教育发展方式，实现教育跨越式内涵发展。

第三，形塑契约公平文化，构筑创能型府际关系。府际冲突蕴含破坏性和建设性两个层面，自然会有内耗和创建两种不同结果。除了力图避免冲突以外，不能忽视冲突的创建作用，应确立由破坏向建设转化的治理思路，并建立适合制造建设性冲突的赛局。而当前机会主义赛局中的环境变化、目标分化、结构固化和文化异化，使破坏性府际冲突长期存在，阻碍冲突转换的路径形成。借鉴创能治理理念，通过目标引导、扁平运作、文化支撑的改革，建构良性的府际冲突赛局，最终实现府际冲突结果由内耗向创能的转变。

缺少文化支撑的创能治理难以形成长效机制。创能的府际关系应该基于互惠契约规定的权利义务。从较低层次来讲，府际主体间依据契约规定所作出的贡献来分配经济利益；更高层次上，除了契约规定的内容以外，府际主体间还应进一步形成信任、忠诚和支持等情感方面的联系。因此，在契约文化既要遵循利益交换契约，又要包含心理契约关系，且各方权利义务都应是对等约定。契约和公平的支撑下，破坏性府际冲突才能在文化滋养下被抚平，并具备向创能型府际关系成长的长久动力。京津冀教育协同发展中，也需要形塑教育协同契约公平文化，才能构筑创能型府际关系。

三、完善教育协同制度，创新教育协同体制机制

区域协同关键在创新驱动发展。京津冀教育协同发展涉及三地政府、教育

主管部门和各级各类教育主体，要实现区域教育的优化布局和改革重构，关键的破解点在于体制机制的创新。京津冀教育协同应在政府主导下，联动创新的有机整体，建立合理清晰的协同发展制度，不断探索创新教育协同发展的体制机制。

第一，以制度建设为保障。京津冀教育协同发展的关键在于重构和改革，很多工作都是前所未有的创新探索，而且将经历一个较长的历史进程。要边探索、边总结，分步推进、稳中求进。要不断完善各项政策制度，为协同发展提供坚实保障，并探索走出一条不同经济发展水平背景下、跨越行政区划的教育协同发展道路，为其他地区提供有益借鉴。创新府际合作制度，应当以法治为基础，建构起规范的府际合作法律保障制度、财政保障制度、组织协调制度、府际争议司法审查制度以及府际合作问责制度等一系列制度，形成完备的府际合作制度体系。

因此，要不断完善和创新京津冀教育府际合作的政策制度，建构起规范的京津冀教育协同组织协调制度、教育协同司法审查制度、教育协同法律保障制度、教育协同行政问责制度等一系列制度。探索构建基于不同经济发展水平、跨越行政区划的京津冀教育协同制度体系，为协同发展提供坚实保障。

第二，以体制机制创新为突破口。京津冀教育协同发展涉及中央、京津冀三地教育行政部门和各级各类教育主体，是一种跨地区、跨组织、跨文化的合作创新。要实现区域教育协同，关键的突破口在于体制机制的创新。

首先，应建立形成三级京津冀教育领导体制。根据纵向府际关系模式，应建立"决策层—协调层—执行层"的三级领导体制。应由中央教育行政部门组建的领导小组作为决策层，京津冀教育行政部门联席会议作为协调层，京津冀下一级地方教育行政部门间协调会作为执行层，从而构建京津冀教育协同发展的治理体系。

其次，基于纵向、横向和斜向多维度的府际关系，创新完善京津冀教育区域协调机制。建立高层次的合作磋商协调机制，建立健全一体化的教育协同激励机制、利益约束、分享与补偿机制等区域协调机制，完善跨区域教育服务的供给。建构府际协商合作机制，设立具有相当权威的城市群内政府间协调机构，并发挥非政府组织的协调作用。建立促进区域经济协调发展的治理机制，形成区域经济协调发展的内在动力。可以从基于纵向府际关系的区域协调机制和基于地方政府合作的横向区域协调机制两个方面来分析。我国应该从区域协调主体多元化、区域协调机制制度化、建立激励与补偿机制以及改变对口支援方式等方面对区域协调机制进行完善。需要建立健全激励约束机制，包括科学设定合作的目标、出台区域合作的优惠措施、建立利益约束机制、健全区域补偿制度、完善政绩考核制度、建立府际合作责任制度等予以克服。依托相应的激励与约束机制调节合作各方的行为，推动区域府际合作持续、有序、有效地进行，达到互信互利、合作共赢的目的。

再次，实现"命令机制""利益机制"和"协商机制"的有效整合。改革开放40多年来，社会结构的急剧分化、不同社会力量的角逐、利益的多元化、利益关系的极端复杂化、新社会要素的形成和新旧要素之间的冲突，等等，使构建社会主义和谐社会面临着高度的不确定性。在这种背景下，我们党要实现社会利益的有机整合，必须在思想、观念、体制和机制等方面加强创新，确保经济社会科学发展，建立起符合社会发展规律和适应中国社会发展实际的利益整合机制。以"命令""利益"与"协商"为内容的治理机制，其特征表现为："既鼓励政府间竞争，更注重政府间合作；既注重单个政府目标的实现，更注重区域内政府间的战略协同。这种关系治理机制不仅使政府间长期重复合作得以保证，而且也支持有限次重复合作。"①

最后，以利益分享机制和利益补偿机制完善跨区域教育资源的供给。随着竞争的加剧，区域经济合作越来越成为我国地方政府获取竞争优势、促进地区经济发展的重要力量。然而，区域经济合作利益分享与补偿机制的缺失，直接影响到我国区域经济合作与一体化进程。利益分享与补偿机制作为不同地方政府在区域经济合作过程中平衡、协调各方利益的制度安排，是突破现有制度瓶颈、促进区域经济合作的有效途径。跨域公共物品和服务的供给很容易产生利益"溢出效应"，最终会使某些城市得益而其他城市利益受损。整合府际关系，

---

① 刘祖云. 政府间关系：合作博弈与府际治理 [J]. 学海，2007（1）：79-87.

使府际博弈走出"囚徒困境"，就必须树立府际双赢意识，意识到博弈的长期性，建立相互信任关系，构建奖惩、监督机制。因此，需要以利益分享机制和利益补偿机制完善跨域教育资源的供给。

四、以信息技术为载体，搭建京津冀教育资源共享平台

在"教育+互联网"时代，京津冀教育协同发展需突破时空限制，借助大数据、人工智能与虚拟现实等创新信息技术，搭建基于区块链的教育资源共享框架。既能保障资源供给方的知识产权，又能提升教育资源的质量，还能扩大教育资源的共享范围。[①] 在区域内与区域间，实现资源实时共享、教育教学互动和资本要素的自由流动，推动京津冀教育协同创新发展。因此，要把握好各级各类教育的发展定位，建立京津冀教育的整体性数据库系统，分阶段搭建京津冀教育资源共享平台。

区域协同发展的良性循环需要区域进行统一规划，搭建统一治理平台，实现信息和资源的实时共享和资本要素的自由流动。三地可根据区域不同群体的需求丰富教育资源，提升教育资源的便捷性和可用性；突破地区体制机制障碍，各级各类教育共同制定战略发展路径，实现共建共享。教育信息化 2.0 下的教育大数据深度融合协同发展。全国首个大数据教育区块链试验区落户京津冀，在"互联网+教育生态"的构建上发挥了重要作用。建立个体学信大数据，打造智能化教育淘宝平台，开发学位证书系统，构建开放教育资源新生态，实现网络学习社区的"自组织"运行以及开发去中心化的教育系统。三地教育部门将搭建一个大数据平台，采集并记录学生的学习成长轨迹数据，通过区块链的分布式、不可篡改和留痕功能，建立学生的个人学习成长档案，为建立诚信教育和诚信社会留下最基础的数据。然后以京津冀三地教育年级组为单位，建立 12 个区块，校长、教师和学生都分属在各自的区块内，同时各类区块间又相互联结，致力于推进教育信息化融合应用，推动京津冀教育协同创新发展。

首先，在基础教育阶段，构建优质教育资源共享平台。依托现有基础教育

---

① 刘丰源，赵建民，陈昊，等. 基于区块链的教育资源共享框架探究 [J]. 现代教育技术，2018（11）：114-120.

数字资源——"北京数字学校"向三地免费开放，同时不断吸纳天津、河北地区优质教学资源丰富数字学校内容。此外，三地共同协商建立京津冀教师教研培训网，推进三地教师资源互联互通。京津两地向河北省开放义务教育、普通高中课程与教学信息资源，在教育部的支持下，京津冀共同投资建设基础教育课程与教学资源库和信息化共建共享平台。依托各自地缘优势，统筹开发区域文化教育资源，培养三地中小学生区域文化认同感，促进彼此交流。

其次，在高等教育阶段，构建一流教育资源共享平台。依托慕课共享京津冀高校优质教育资源，推动三地高校课程在互联网上相互开放、学分互认。北京市重点开发综合性学科、学术研究类互联网课程；天津重点开发多学科、应用研究、应用技术类互联网课程；河北重点开发特色性学科、应用技术、应用技能类互联网课程。三地高校在资源建设上分工合作，形成国际一流的高等教育资源平台。高校在资源建设上分工合作，开发基于不同领域学科特色的优势课程，构建一流教育资源共享平台。

再次，在职业教育阶段，构建虚拟实训资源共享平台。基于三地校企共建资源，创新个性化教学方式，开发虚拟实训软件，推动搭建虚拟实习实训教育基地。对实习安排困难、实习成本高或高危专业领域开放虚拟实习实训平台，针对复杂的工艺流程开展模拟实训，在线直播企业生产过程并能与学生实时互动。通过互联网平台实现跨区域教学、实习实训的相互融合。通过构建虚拟实训资源共享平台，使职业教育教学、实习实训等进行跨区域的融合。

最后，在成人教育阶段，构建终身教育资源共享平台。依托三地的开放大学构建具有鲜明地方特色的终身教育资源共享平台。北京重点开发终身教育"精品课"，使课程达到国际标准，尤其在科技创新与传统文化方面见长；天津既吸纳优质资源也发挥辐射作用，重点开发满足普通人群需求的"大众课"；河北面向中低层次劳动者、农村剩余劳动力和环京津贫困带人口开发"普及课"。

概言之，京津冀教育协同作为一个兼具整体性与开放性的有机协调系统，需要构建一个高度协调、整合和网络化的京津冀教育府际关系协调模式，使京津冀教育从府际冲突走向府际协同，从府际竞争走向府际合作，从府际关系碎片化走向府际关系整合化，^①形成资源共享、优势互补、合作共赢的教育协同新格局，最终实现京津冀教育一体化。

第四节　建构京津冀教育协同发展的法制保障体系

2015 年 4 月审议通过的《京津冀协同发展规划纲要》提出："要有序疏解北京非首都功能，包括部分教育、医疗、培训机构等社会公共服务功能，加快公共服务一体化改革。"在依法治国的思维框架下，要推动教育这项社会公共服务功能疏解，实现京津冀教育优势互补、合作共赢的一体化发展，根据"重大改革于法有据"的精神，区域教育协同发展需要有共同遵守的制度规则、科学完善有力的法制体系，充分发挥其引领和保障作用，教育才能发挥好在京津冀政治经济文化建设中的基础性和先导性作用。

一、京津冀教育法制保障的法理依据

京津冀教育协同发展亟须坚实的法治基础、政策引导与法制保障，以法治思维协调推进教育均衡化与一体化。京津冀教育协同发展的法制保障具有法理上的合理性、合法性与正当性。

（一）合理性：区域协同发展的现实诉求

合理性，是指以客观宇宙为基准，不以人的主观意志为转移的，在某一个特定时空范围内唯一一个天然的广义平衡点及其特有的天然稳定性。合理性意味着"合乎理性地思考和行动"，就是用理由或好的理由进行思考。合理性是一个元理论的概念，它指科学哲学所述的活动目标、价值取向或偏好命题的恰当性、基础性、效果性或规范性。合理性原则是指行政活动内容要客观、适度、符合理性。

京津冀教育协同发展需要相应的法制保障是区域教育协同发展的现实诉求，体现在：一是，京津冀三地虽地理位置相邻，但教育的服务水平差异巨大，在

---

① 韦斌. 整体性治理分析框架下的府际关系建构研究 [J]. 学术论坛，2013（6）：32-34.

河北承接教育功能转移、京津冀优质教育资源共享的过程中，要实现区域教育均衡一体化发展，需要建立三方协同发展的法制协调机制，完善法制保障体系。二是，京津冀教育协同发展的内容与措施必须具有科学性、实效性与规范性，需要相应的政策法规给予规范化与制度化。京津冀教育公共服务的一体化需要在中央的统一协调下，充分发挥地方政府与学校的协作精神和能动性，通过立法条例与区域合作协议等多种形式固定下来。这样，在体系上和实践中才有其存在的合理性。

（二）合法性：重大改革于法有据的法制要求

中文"合法"（对应于英文中的 legal）一词被用来描述某件事物没有触犯法律。"合法性"并非指"合法"的程度，而是对法律或者政府机构权威性的来源的讨论。"合法性"（the theory of legality）概念在社会科学（社会学、政治学等）中的使用有广义和狭义之分。广义的合法性概念被用于讨论社会的秩序、规范，或规范系统。狭义的合法性概念被用于理解国家的统治类型，或政治秩序。笼统地讲，合法性就是人们对于统治地位的确认和服从。

道德哲学主要是从个人的角度来判断某个东西是否"合法"。从政治学的角度来说，一个制度的合法性取决于它是否获得被统治者们的普遍认同。通常，政治学比道德哲学更关注合法性问题。合法性被认为是政府行政的最基本条件：如果一个政府缺乏必要程度的合法性，它将很快地崩溃瓦解。政权合法性所对应的英语词汇是 validity。最早研究"合法性"问题的马克斯·韦伯认为，若要维持统治的持久存在，必须唤起合法性的信仰。合法性原则是指行政权的存在、行使必须依据法律、符合法律，而不能与法律相抵触。它不仅要求行政机关进行行政活动时应遵循宪法、法律，还要遵循行政法规、地方性法规、行政规章、自治条例和单行条例等。合法不仅要求符合实体法，也要符合程序法。

京津冀区域协同立法、行政执法和协同司法是法治国家维护法制统一、保障区域协调发展的基本要求。习近平总书记关于"重大改革于法有据"的一系列论述，强调运用法治思维和法治方式推动改革，标志着改革进入法治化的新阶段。这里的法，不同于用于法官判案的法律规范，也不是行政人员执法的法律规定。尽管这里的法，也包括法律制度，但更主要的是一种意识形态意义上的法治方式，强调的是法律、法治对改革决策的约束。①

一方面，京津冀教育协同发展是个系统工程，其核心主要是利益问题，而对于利益的平衡与取舍，是一个法制问题，需要一个强有力的机构来负责实施，并由法律赋予机构相应的主要职权。目前国家已基本完成了京津冀教育协同发展的顶层设计，客观上需要三地协同制定一个教育法制框架，依法保障实施。另一方面，为实现京津冀教育协同发展的战略目标，教育法制保障体系应具有可预见性和规范性。必须重视区域教育立法，并将科学合理、具有前瞻性的协同发展规划、措施纳入法治化轨道，实现区域教育健康发展。同时，京津冀教育协同发展法制保障体系应该是一个具有层次性、组织性与规范性的有机联系的统一整体。因此，京津冀教育协同发展，必须要有科学完善有力的法制保障，依法先行。

（三）正当性：理顺主体间权责关系

"正当性"一词来源于拉丁文"legitimare"，对应法文中的"légitimité"，德文中的"legitimität"以及英文中的"legitimacy"。中国学者多将这些词汇译为"正当性""正当的""正当化"。正当性是一种"回溯性"的概念，它关注的是权力的来源和谱系，也就是从"发生的进路"去评价权力或者国家。②

"正当性"一词常见于哲学、政治学、法学、社会学等学科中。作为人文社会科学的核心概念，它的含义在人类思想的衍续中变得十分繁复。以正当性概念的主题而论，行为、政策、法律、制度、权力、统治，都可成为正当性评价的主题或正当性论证的对象；以正当性概念的类型而论，有道德哲学意义上的正当性、社会学意义上的正当性和法律教义学意义上的正当性。这是由于时代的变迁赋予它不同的历史内涵，但是，正当性作为不同学科的共用概念仍然有其基本含义与"共相"，这也正是人们用正当性为各种制度进行终极论证的出发点。

在中国语境下，由于正当原本属于道德范畴，是对观念、行为、制度等事物所作的价值判断，因此，正当性就是对观念、行为、制度等事物性质的追问。

---

① 陈金钊. 对"重大改革都要于法有据"之"法"的理解 [J]. 中共浙江省委党校学报，2015（3）：117-122.

② 周濂. 现代政治的正当性基础 [M]. 北京：生活•读书•新知三联书店，2008：2.

在道德层面，正当性属于伦理价值判断，其标线为是否"合道德性"；在制度层面，正当性则属于规范价值，它的标线有二：一是是否"合规律性"，其实质用日常语言分析学派的视角看，就是通常所说的"合理性"；二是合法律性。质言之，伦理判断属于一种道德证成，而规范判断则属于一种结果取舍。

京津冀教育协同发展是一个多元治理结构，牵涉中央与地方、地方与地方、地方与学校等多个层面的教育法律关系。通过对相应的法规政策、规章制度进行综合研究，明晰京津冀教育协同发展中的各级政府、学校和社会的角色定位、相互关系与协同治理机制，厘清各主体间的权力责任关系，实现协同发展的法制化进程。

在京津冀教育协同发展的法制保障体系中，首先，明确所涉及的相关权力主体，包括中央、京津冀三地政府与教育行政部门、社会与学校。各自有着不同的目标任务，对国家层面而言，主要是为了有序疏解教育的"非首都核心功能"和促进区域教育一体化；对地方层面而言，主要是为了促进教育均衡发展；对社会与学校而言，关注的是教育质量的提升与学生多元个性化发展。其中涉及各级教育权的有限与有为、公权与私权之间的绝对冲突与相对平衡的矛盾关系。其次，理顺各主体间的权力关系、责任承担等，协调与平衡多元主体的利益诉求。处理好中央政府、京津冀地方政府、教育合作主管部门与学校四者之间的关系，有效协调规范各主体间的权力责任关系，使京津冀教育协同发展具有正当性，进一步加快京津冀教育一体化发展进程。

二、遵循的基本原则

京津冀教育协同发展过程涉及教育资源的复杂重组和结构调整，涉及复杂的利益博弈，需要具有普遍性、指导性的行为准则，贯穿于建构京津冀教育法制保障体系的全过程。

第一，重大改革于法有据原则。在京津冀区域教育协同发展过程中，认真领会党的十八届四中全会精神，坚持依法治国，立法先行，做到重大改革于法有据，增强立法的前瞻性，适应区域教育改革和发展需要。在京津冀教育改革中，充分发挥法治在改革中的推动和引领作用，高度重视运用法治思维和法治方式，推进区域教育协同发展。在区域教育政策制度设计中，遵循法定程序和标准，不随意决策与修改，使区域教育一体化改革具有规范基础与依据。

第二，平衡协调原则。平衡协调原则是指在京津冀教育协同发展过程中通过财政支持、区域规划与教育政策等多种手段的综合运用，依法调整区域间的教育利益关系，实现区域教育协同发展的目标。强调平衡协调，对于解决区域教育协同发展中各种利益矛盾和冲突、实现教育协调可持续发展具有重要意义。理由在于：首先，区域间的教育法制协调是促进京津冀教育协同发展的重要途径和保障。只有建立起法制协调机制，破除行政壁垒和地方利益保护，才能协调区域间地方性教育法律规章与规范性文件等的差异，促进京津冀教育协同发展。其次，以平等协商作为基本原则平衡京津冀各方的教育利益与矛盾。包括平衡与协调区域间各地方政府、教育行政部门、社会与学校等之间的利益关系，区域内各地方政府、学校之间的利益关系等。

第三，互利共赢原则。在京津冀教育协同发展过程中，在坚持平等协调的前提下，应该遵循各区域的比较优势与绝对优势，区别对待，考虑区域教育发展的不同情况和特点而采取不同的措施与方法，协调与满足各方利益，实现互利共赢。北京应该充分发挥在各个层次类型的教育资源优势，与天津、河北共享，天津充分发挥在职业教育方面的绝对优势，河北发挥好教育功能的疏解与承接功能，最大限度地发挥教育协同推进优势，达到互利共赢的目的。

三、建构京津冀教育协同发展的法制保障体系

为京津冀教育协同发展提供法制保障是一项系统工程，需要充分运用法治思维和法治方式。始终坚持立法先行、急需先立、先立后破、于法有据，同步推进立改废事宜，发挥立法对改革的引领、推动和保障作用，这逐渐成为京津冀三地立法机关所达成的共识。

建议根据京津冀协同发展纲要的精神，三地应紧紧围绕各自的功能来制定相关的法律与政策。坚持区域教育立法先行，签订区域教育合作协议，着手建立区域立法协同机制和制度平台，形成相对统一的区域制度框架和实施细则。要加强立法工作各环节沟通协商，实现三省市工作联动和良性互动。在该条例立法过程中要多渠道、多层次广泛听取京津冀方面的意见，提供有力的教育司法保障和服务等，协调区域各方利益，真正实现京津冀教育协同可持续发展。

（一）坚持区域教育协同立法先行

2015 年中共中央政治局通过的《京津冀协同发展规划纲要》是指导三地协同发展的纲领性文件。根据京津冀协同发展精神、重大改革于法有据原则，京津冀教育协同发展需要遵循共同的法律准则与规章制度，实现区域教育法制融合、整体利益最大化。在京津冀协同的立法中，通过政策法律引导，促进三地优质公共资源的均衡配置，把教育医疗等优质公共资源投放到河北，大幅度提高河北的公共服务水平。

首先，深入推进京津冀教育协同立法工作。京津冀教育协同发展的法制路径首先是立法先行，从立法层面和制度设计层面对三地法治建设进行统筹规划与制度性安排，形成三位一体的法治主体和管理体系。2015 年，京津冀三地人大常委会审议通过《关于加强京津冀人大协同立法的若干意见》，并发布《京津冀人大立法项目协同办法》进行具体规范。在进入协同立法的各个具体领域实施阶段，京津冀三地需要协同起草制定教育协同发展条例，为三地教育协同发展奠定坚实法治基础。

其次，共同规章制度是保障京津冀教育协同发展的新型行政立法形式。充分运用框架性立法的授权，将教育立法的规划内容予以细化落实，依据教育合作层次类型不同，制定各种具体的区域合作规章制度，使三地各项教育法律规章制度所调整的社会关系、规范内容、法律责任统一协调。由此，构建行之有效的区域教育立法协调机制和制度平台，形成机制协调、规划统一和教育服务一体化的区域制度框架和实施细则。

（二）加强区域教育合作协议的签订

京津冀教育法制建设应在完善区域立法的基础上，更多地通过区域教育合作协议的方式实现合作与协调，进一步明确细化三地相关教育协作事项。区域教育合作协议是京津冀地方政府及教育行政主管部门为了顺应区域教育协同发展趋势，在京津冀行政区域间统筹教育规划、协调教育目标、裁撤制度藩篱、缓解利益冲突等协商一致而签订的一系列合意性书面文件的总称。

区域教育合作协议在属性上是一种政策性文件而非法律文本，具有协商性、合作性、政策性的软法特点，是京津冀区域教育协同法制化的重要途径。从目前京津冀签订的区域教育合作协议条款来看，不少条款在内容上仅具有原则性、政策性和宣言性等特点，法律规则性不强，没有清晰的权力责任、权利义务逻辑，缺乏法律约束力。为了保证京津冀教育协同发展的实效，应该明确区域教育合作协议的效力，在协议内容中明确各方权力主体的权力，制定一些违反区域教育合作协议的责任追究形式条款，以保证区域教育合作协议得到有效执行实施。

（三）构建区域教育法制协调机制

建立与教育协同发展相适应、相支撑、相促进的区域间教育法制协调机制，加强政策、法制协调与执法监督，在维护区域教育共同利益的基础上创造良好的法制环境，为区域教育协同发展提供有力支撑。

构建完善的区域教育法制协调机制，打破地方保护主义，协调区域间利益关系，优化整合区域间教育资源，为区域教育一体化发展提供良好的法制环境。具体包括：一是，完善京津冀区域性教育立法工作协同机制。具体可以通过设立区域教育立法协调委员会，以行政协议等方式建立区域教育联合立法机制。二是，建立区域教育执法工作协作机制。通过执法信息的互联互通共享，相互承认执法结果，建立行政执法教育案件移送制度，加强区域教育联合执法。三是，建立区域教育司法联动机制。进一步加强区域间教育司法协作，扩大教育司法协作范围，丰富教育司法协作方式，提高教育司法协作水平，努力实现区域教育司法的公平公正。

（四）提供有力的教育司法保障和服务

2016年2月，最高人民法院出台《关于为京津冀协同发展提供司法服务和保障的意见》。司法行政工作服务于京津冀教育协同发展主要体现在：一是，按照《京津冀协同发展规划纲要》确定的目标、方向、思路和重点，围绕疏解教育的公共服务功能，着力为落实京津冀教育功能定位决策提供法律服务。二是，为妥善审理京津冀教育协同发展中的教育法律纠纷与案件，尤其是非基本公共服务的民办教育等领域，提供法律援助。三是，进一步加大对京津冀知识产权等的司法保护力度，为京津冀教育中的文化艺术的传承、知识产权的保护、高新科技的创新等提供法律保障。由此，京津冀三地司法行政机关可以通过建立协调平台、加强信息资源互通共享、人员互动交流和业务协同配合等，完善教育司法协作工作机制，为京津冀教育协同发展提供优质的法律服务、有力的法律保障和良好的法治环境。

概言之，解决问题的关键在于进行教育供给侧改革，即从总体上将教育资源与服务在京津冀做一次内部的调整与重构，增加供给的有效性和调整供给结构，从运行层面推动形成丰富、多元、可选择的供给侧结构，构建布局合理、资源共享、优势互补、互利共赢的京津冀教育协同发展模式。京津冀教育协同发展还需要坚实的法治基础、政策引导与法制保障，最终实现京津冀教育协同一体化发展目标。

结　　语

教育在经济社会发展中发挥着基础性、先导性和全局性的作用。教育作为基本的社会公共服务，能够在京津冀区域协同发展过程中提供保障与增力。在京津冀协同发展战略推进的过程中，不断探索三地教育协同发展的运行机制和原理，发现战略推进过程中的问题并找出解决对策，必然会对京津冀协同发展起到重要作用。

推动京津冀教育协同发展就是要紧紧围绕实现京津冀协同发展国家重大战略确立的目标任务，坚持目标导向、问题导向和改革导向。要从推进教育治理体系和治理能力现代化的高度，积极推进京津冀教育协同发展的战略谋划和实施。优化教育资源布局，推动公共教育服务均衡化，实现教育优势互补，整体提升京津冀地区的教育现代化水平和影响力，促进本地区经济转型升级和社会和谐进步，为建设具有较强竞争力的世界级城市群奠定教育基础，形成资源共享、优势互补、合作共赢的教育协同新格局，最终实现京津冀教育一体化。

研究从供给侧改革的视角对京津冀三地教育背景以及教育资源配置现状进行系统分析，发现京津冀教育协同发展中存在的诸多问题主要源于供给侧提供的教育资源和服务与需求侧的教育需求在数量、质量和结构等方面不相匹配，出现严重供需矛盾，通过对京津冀教育协同发展的运行逻辑分析，提出供给侧改革背景下京津冀教育协同发展运行之策。

本研究借助经济学领域的供给侧结构性改革理论来研究京津冀教育协同发展问题，从供给侧改革视角破除京津冀教育协同发展运行障碍，为京津冀教育协同发展提供多维视角与理论支撑；有助于专家学者、实际工作者能运用多学科思维来推动京津冀教育协同发展；为深入推进京津冀教育协同发展工作提供策略参考、建议与启示。

参 考 文 献

[1] 安树伟，王瑞娟. 京津冀协同发展的三个难点问题 [J]. 前线，2019（6）：57-60.

[2] 曹浩文. 京津冀教育协同发展战略构想与实践探索——"区域教育一体化与京津冀协同发展"主题论坛综述 [J]. 北京教育（高教），2016（1）：19.

[3] 陈金钊. 对"重大改革都要于法有据"之"法"的理解 [J]. 中共浙江省委党校学报，2015（3）：117-122.

[4] 辞海编辑委员会. 辞海 [Z]. 上海：上海辞书出版社，1979：546.

[5] 崔建民，陈东平. 党建蓝皮书：党的建设研究报告 [M]. 北京：社会科学文献出版社，2016：17.

[6] 崔玉平. 区域高等教育的经济学分析 [M]. 哈尔滨：黑龙江人民出版社，2011：133.

[7] 方中雄. 京津冀教育蓝皮书：京津冀教育发展研究报告（2016—2017）[R]. 北京：社会科学文献出版社，2018：14.

[8] 高兵，唐一鹏. 区域科学视角下的基础教育协同发展——以京津冀为例 [J]. 上海教育科研，2015（11）：5-8.

[9] 高兵. 京津冀教育协同发展战略探究 [M]. 北京：知识产权出版社，2016.

[10] 高兵. 京津冀教育一体化还需政策推一把 [N]. 中国教育报，2016-03-22（009）.

[11] 高兵. 京津冀教育协同发展的现代化路径探索 [J]. 教育理论与实践，2015（22）：18-22.

[12] 桂邵明. 京津冀人才发展一体化的思考 [J]. 第一资源，2011（3）：11-30.

[13] 郭秀晶，桑锦龙，高兵，等．京津冀区域高等教育合作的行动研究与战略构想 [J]．北京教育（高教），2010（12）：14-17．

[14] 国家行政学院经济学教研部．中国供给侧结构性改革 [M]．北京：人民出版社，2016．

[15] 国家统计局．中国教育经费统计年鉴 2015[Z]．北京：中国统计出版社，2016．

[16] 国家统计局．中国教育经费统计年鉴 2019[Z]．北京：中国统计出版社，2020．

[17] 韩兆柱，单婷婷．基于整体性治理的京津冀府际关系协调模式研究 [J]．行政论坛，2014（7）：32-37．

[18] 侯国强，成起强，于文涛．京津冀高职院校专业设置与区域产业结构的适应性分析 [J]．当代职业教育，2020（4）：58-59．

[19] 靳培培，周倩．高等教育普及化阶段的入学机会公平：透视与提升 [J]．河南师范大学学报（哲学社会科学版），2020（3）：145-146．

[20] 赖明．关于健全京津冀三地职业教育协同合作机制的思考 [J]．教育与职业，2017（16）：7-8．

[21] 李晨铭．天津市六区基础教育均衡化问题研究 [D]．天津：天津商业大学，2017：21-22．

[22] 李杰．"一带一路"视域下地方政府间竞合关系分析 [J]．改革与开放，2017（8）：5-6．

[23] 李军凯，刘振东．京津冀教育协同发展的现状、问题与对策 [J]．北京教育（高教），2018（3）：22-25．

[24] 李军凯．京津冀协同发展教育如何"破题"[N]．中国青年报，2017-02-28（10）．

[25] 李军凯，刘振东．京津冀教育协同发展的现状、问题与对策 [J]．北京教育，2018（3）：20-23．

[26] 李少惠．无序之序：行政文化建构的新思维 [J]．兰州大学学报（社会科学版），2011（7）：83-88．

[27] 李旭．京津冀区域高校联盟建设的现状、困境与对策 [J]．高等教育研究，

2018（6）：46-54.

[28] 刘爱玲，薛二勇. 京津冀职业教育协同发展的政策研究 [J]. 北京师范大学学报（社会科学版），2017（2）：23-26.

[29] 刘丰源，赵建民，陈昊，等. 基于区块链的教育资源共享框架探究 [J]. 现代教育技术，2018（11）：114-120.

[30] 刘云生. 供给侧结构性改革：教育怎么办？ [J]. 教育发展研究，2016（3）：1-7.

[31] 刘祖云. 政府间关系：合作博弈与府际治理 [J]. 学海，2007（1）：79-87.

[32] 柳礼奎. 京津冀高职院校专业建设策略研究——基于京津冀协同发展战略的分析 [J]. 天津商务职业学院学报，2017（4）：57-58.

[33] 鲁静. 京津冀高等教育协同发展的现状与未来 [J]. 黑龙江高教研究，2019（6）：16-19.

[34] 罗豪才，宋功德. 认真对待软法——公域软法的一般理论及其中国实践 [J]. 中国法学，2006（2）：3-24.

[35] 孟繁华，劳凯声. 京津冀教育协同发展的挑战与应对 [N]. 中国教育报，2015-01-09（007）.

[36] 庞丽娟，杨小敏. 关于教育供给侧结构性改革的思考与建议 [J]. 国家教育行政学院学报，2016（10）：12-16.

[37] 桑锦龙. 持续深化新时代京津冀教育协同发展 [J]. 教育研究，2019（12）：124-130.

[38] 桑锦龙. 推进京津冀教育协同发展的战略性思考 [J]. 教育科学研究，2016（4）：16-21.

[39] 孙善学，吴霜，杨蕊竹. 京津冀教育协同发展战略研究 [M]. 北京：首都经济贸易大学出版社，2016：92.

[40] 万明刚. 从少数民族教育视角看供给侧改革 [J]. 中国民族教育，2016（4）：13.

[41] 王寰安，蔡春. 创新区域教育治理结构，促进京津冀教育协同发展 [J]. 首都师范大学学报，2016（1）：122-126.

[42] 王世斌. 关于京津冀教育协同发展的思考 [J]. 天津市教科院学报，2014（3）：

7-8.

[43] 韦斌. 整体性治理分析框架下的府际关系建构研究 [J]. 学术论坛, 2013 (6)：32-34.

[44] 韦文英. 京津冀协同发展"马太效应"预警：问题、成因与建议 [J]. 广西社会科学, 2017 (3)：64-68.

[45] 魏颖. 从高等教育结构视角探究服务京津冀区域人才培养的模式 [J]. 当代教育实践与教学研究, 2019 (14)：100-101.

[46] 吴敬琏, 等. 供给侧改革 [M]. 北京：中国文史出版社, 2016.

[47] 武海英, 王荣荣, 孟悌清, 等. 京津冀区域高等教育教学资源一体化模式探究 [J]. 河北北方学院学报（社会科学版）, 2020 (1)：97-98.

[48] 谢庆奎. 中国政府的府际关系研究 [J]. 北京大学学报（哲学社会科学版）, 2000 (1)：26-33.

[49] 薛二勇, 刘爱玲. 京津冀教育协同发展政策的构建 [J]. 教育研究, 2016 (11)：33-38.

[50] 杨涵深, 游振磊. 义务教育"大班额"：现状、问题与消减对策 [J]. 教育学术月刊, 2019 (12)：57-58.

[51] 曾凡军. 基于整体性治理的政府组织协调机制研究 [D]. 武汉：武汉大学, 2010：15.

[52] 张国霖. 教育的供给侧结构性改革问题 [J]. 基础教育, 2016 (1)：1.

[53] 张力, 李孔珍. 区域教育协同发展的政策方案与理论研究——京津冀教育协同发展对策研究 [M]. 广州：广东教育出版社, 2017：3-4.

[54] 张强, 宋德正. 借力京津冀基础教育协同发展 提升区域教研水平 [J]. 教育实践与研究, 2019 (33)：17-18.

[55] 张文江. 府际关系的理顺与跨域治理的实现 [J]. 云南社会科学, 2011 (3)：10-13.

[56] 郑国萍, 陈国华. 京津冀教育协同发展供需矛盾及应对策略 [J]. 河北师范大学学报（教育科学版）, 2017 (4)：95-100.

[57] 郑国萍, 李潇潇. 基于供给侧改革的京津冀教育协同发展运行机制研究 [J]. 办公自动化, 2020 (6)：33-37.

[58] 郑国萍，任可心．京津冀教育协同发展的法制保障研究 [J]．天津市教科院学报，2017（4）：12-15．

[59] 郑国萍，王晶，王大江．京津冀教育协同发展中府际关系协调模式构建研究 [J]．辽宁教育行政学院学报，2020（2）：26-31．

[60] 中华人民共和国教育部发展规划司．中国教育统计年鉴 2015[Z]．北京：中国统计出版社，2016．

[61] 中华人民共和国教育部发展规划司．中国教育统计年鉴 2014[Z]．北京：人民教育出版社，2015．

[62] 中华人民共和国教育部发展规划司．中国教育统计年鉴 2018[Z]．北京：人民教育出版社，2019．

[63] 周海涛，朱玉成．教育领域供给侧改革的几个关系 [J]．教育研究，2016（12）：30-34．

[64] 周濂．现代政治的正当性基础 [M]．北京：生活·读书·新知三联书店，2008：2．

[65] 朱光磊，张志红．"职责同构"批判 [J]．北京大学学报（哲学社会科学版），2005（1）：101-112．

[66] 朱永新．教育供给侧的结构改革大有可为 [J]．同舟共进，2016（4）：25-26．

[67] Daniel Moak．Supply-side education：Race，inequality，and the rise of the punitive education state[D]．Philadelphia：The University of Pennsylvania，2016．

[68] Paulo Santiago．Teacher Demand and Supply：Improving Teaching Quality and Addressing Teacher Shortages [R]．OECD Education Working Papers，2012（3）：48-73．

[69] Sudhanshu Handaa，Kenneth Simler．Quality or Quantity? The Supply-side Determinants of Primary Schooling in a Poor Rural Economy [J]．Journal of African Economies，2015，15（1）：59-90．

后记

推进教育协同发展是实施京津冀协同发展重大国家战略的重要内容之一，教育协同发展在京津冀协同中发挥着基础性与先导性作用，是京津冀协同发展的重要内容和主要特色。本书为作者2018年度承担的河北省社会科学基金项目"基于供给侧改革的京津冀教育协同发展运行机制研究"（项目编号：HB18JY034）的研究成果。

研究从供给侧改革的视角对京津冀三地教育背景以及教育资源配置现状进行系统分析，发现京津冀教育协同发展中存在的诸多问题主要源于供给侧提供的教育资源和服务与需求侧的教育需求在数量、质量和结构等方面不相匹配，出现严重供需矛盾，通过对京津冀教育协同发展的运行逻辑分析，提出供给侧改革背景下京津冀教育协同发展运行之策。

本研究借助经济学领域的供给侧结构性改革理论来研究京津冀教育协同发展问题，从供给侧改革视角破除京津冀教育协同发展运行障碍，为京津冀教育协同发展提供多维视角与理论支撑；有助于专家学者、实际工作者能运用多学科思维来推动京津冀教育协同发展；为深入推进京津冀教育协同发展工作提供策略参考、建议与启示。

京津冀教育协同发展各项工作不断深化，新情况、新变化很多，使得本课题研究更多体现出"破题"的意义，远未达到"解题"的程度，希望能为同行提供一些有益的启示，对推动后续研究发挥一定的作用。鉴于研究时间和研究者能力所限，本课题研究在收集资料的完整性、系统性和权威性以及研究深度等方面都还存在诸多的不足，恳请读者批评指正。

郑国萍

2020年10月